落叶聚还散

BLOWING IN THE WIND

一叶堂藏品集

（1926—1979）

陈命安 编著

文化藝術出版社
Culture and Art Publishing House

图书在版编目（CIP）数据

落叶聚还散：一叶堂藏品集 / 陈命安编著 . -- 北京：文化艺术出版社，2023.11
ISBN 978-7-5039-7503-5

Ⅰ．①落… Ⅱ．①陈… Ⅲ．①文物－中国－画册
Ⅳ．① K870.2

中国国家版本馆 CIP 数据核字 (2023) 第 203613 号

落叶聚还散
一叶堂藏品集
（1926—1979）

编　　著　陈命安
责任编辑　汪　勇　袁可华
责任校对　董　斌
书籍设计　陈命安
出版发行　文化艺术出版社
地　　址　北京市东城区东四八条 52 号（100700）
网　　址　www.caaph.com
电子邮箱　s@caaph.com
电　　话（010）84057666（总编室）84057667（办公室）
　　　　　84057696—84057699（发行部）
传　　真（010）84057660（总编室）84057670（办公室）
　　　　　84057690（发行部）
经　　销　新华书店
印　　刷　北京启航东方印刷有限公司
版　　次　2023 年 12 月第 1 版
印　　次　2023 年 12 月第 1 次印刷
开　　本　889 毫米 × 1194 毫米　1/12
印　　张　23
字　　数　60 千字　图片 260 余幅
书　　号　ISBN 978-7-5039-7503-5
定　　价　298.00 元

一代代个体生命的悲欢聚散 就是一部社会发展史

Grief at separation and joy in reunion from one generation to another is a history of social evolution

叶聚六像，1926 年摄于北京

前言

昨天是今天的历史，认识昨天，以史为镜，方可照亮未来。但凡老照片，大都有真实记录历史、反映当时社会面貌之文献价值。特别是20世纪30年代前后的银盐照片，所呈现的泛黄色调和颗粒感，具有很强的质感和观赏性。其人物风景往往直击心灵，引发思绪。照片中那些无意间保留下来的历史细节，会纠正我们对历史的某些偏见，触发更多的理性思考和学术探究。

去年初春，一个偶然的机会，我走进叶光军先生家中，欣赏到了他的爷爷——叶聚六老先生遗留下来的老照片及书信、字画、拓片、证书和日记等“老物件”，这些“老物件”大多为20世纪20年代至70年代的存物。老先生是个细心之人，在大多数照片的背面都手书了时间、地点和人物；字画、拓片等物什也同样如此，一一标注。因为有了这“三大要素”，这些“老物件”更具观赏性和纪实性。照片类最早可追溯到1926年叶聚六在梁山公学就读时的毕业合影；1926年至1935年在中国大学求学期间，1935年返回四川在云阳高级中学、万县县立女子初级中学、梁山中学、江津县立女中、重庆树人中学、重庆一中、重庆商业财务学校、大华炼油厂等地的留影，甚至还有他与国学大师林损、1939 年担任中共梁平县委书记的李光普（李鹰）、1925 年担任川东游击军特支书记的陈克农等中共梁山县委早期党的地下组织的同志的留影、书信和书赠的字画，以及保存完好的黄庭坚等名家书法拓片。有他在 1957 年手书的《忏悔录》和 1969 年至 1974 年手书的日记等。翻看这些“老物件”，除了极具年代感的直观印象外，更有一种拾起了一段旧时光的感觉。后来在翻阅中共北京市委党史研究室出版的《中国大学革命历史资料》时发现，叶聚六在 1930 年担任过中共中国大学党支部书记。重庆市梁平区的相关党史资料里记载，叶聚六 1926 年于梁山中学毕业后赴京。同时代的梁山地区的党的地下组织及知识界的重要人物李光普、陈克农、赵章明、王逐萍、李维、熊伯庚、曹健勤、李珥彤、文先峻、傅香泉、钟纯乾等与之交往密切，在他们口述中对叶聚六有关过往作了介绍。叶聚六北京求学 7 年，回到家乡四川，主要从事教育工作，足迹遍布当时的万县、云阳、梁平、达县、江津、重庆、成都等地。除此之外，他还去了中共地下组织领导的川东大华炼油厂工作。新中国成立后，他在重庆树人中学、重庆一中任教。1957 年被划为右派，1961 年摘帽，1963 年退职回乡。1979 年年初平反，享受退休待遇，同年 7 月去世。这段历史沉淀着的老故事，如穿过时光隧道时被按下了暂停键，哀喜交并、一唱三叹……

所有过往，皆为序章。叶聚六老先生所经历的时代，是中国近现代充满变革和动荡的时代，是两代人甚至三代人的成长史，而记录了这个时代的这些老照片大多品相完好，既是来自民国时期以四川省梁山县（现重庆市梁平区）为主的知识分子个体叙事，也是一幅幅真实的近代社会的生活图景，反映了特定时代中国人的精神气质、个体生活形态、衣食住行及肢体语言的演变。照片里的每一处风景、每一个人物及背后的故事，经过整理和挖掘，都串成一条以时间为序的叙事线呈现给读者。

本书为收录叶聚六老先生藏品的综合性画册。画册以时间为轴线，通过藏品属性划分类别，共收录图片200余张，涵盖书信、字画、日记、拓片、证书、人物及风景照片等，每张图片后依据关联的人物、地点、事件，对其进行了文字延展和说明，以达到以图识人、以图说事、以图鉴史的目的，进而展现叶聚六老先生七十五载风雨人生，以及他所经历的时代变迁，具有一定的可读性、史料性和文献价值。

为了使版面简洁美观，符合读者阅读习惯，在照片排版过程中，对部分照片背后所记文字加双引号进行直接引用，并将民国纪年转注为公元纪年、繁体字转换为简体字。在此特作说明。

岁月或许是眼角抹不去的潮湿，“人类的悲欢并不相通”。但鉴往知来，唯有一帧帧图像、一篇篇记录下的文字及延展出来的真实故事，方能让你感知那段岁月里无数个体生命的悲欢聚散和时代印迹。同时，历史是一面镜子，透过时间的缝隙，让图像述说过往，让资料还原历史，从中可看到的不只是那些人、那些事、那些老地方，还有那些用青春与激情演绎的缤纷与绚烂！

陈命安

2023年初春

“1930 年 8 月因同学以党案而牵累于余，致被捕禁囚于北京警备司令部历 108 日始得出狱，此即出狱时摄影”

看似寻常最奇崛（代序）

——观叶聚六先生资料遗存随想

数十年的岁月，对于天地宇宙而言微不足道；对于一个时代而言则足以天翻地覆；对于个体生命来说，则往往是终其一生的际遇。我们常说，时代的一粒尘埃，落在每个人头上都是一座大山。我们不过是芸芸众生，蝼蚁之躯，又岂能抗拒改天换地的风云变幻。

叶聚六，一个远去的身影，一个陌生的姓名，即便是在他的家乡（梁平）也几乎无人知晓。然而，当他那一张张时序分明、背景清晰的生活照片及照片后面翔实的文字记录映入眼帘时，早已远去的历史便自然而然地浮现眼前，挥之不去。

世事有千变，人生无百年。

颀长的身材，清俊的面孔，整洁的衣着，从少壮之时到垂暮之年，一以贯之，成为叶聚六的精神长相。最让人过目不忘的，则是他那双深邃的眼睛，其坚毅而又忧郁，从中不难洞察出风雨人生的心路历程。看似寻常最奇崛，归于平淡实坎坷。寻常平淡的匆匆岁月，其中的艰难苦恨、曲折落拓，何足与外人道哉？

1926年，叶聚六意气风发，以天下兴亡舍我其谁的新青年形象，与来自天南海北的学子一道，秉承五四运动的余绪，负笈京师，投身黉门，广交各路英雄，正所谓书生意气挥斥方遒。

1926年的预科和1929年正式入学，叶聚六都选择了中国大学。这是民国时期在北京的一所私立大学，由孙中山先生于1912年创办，最初叫国民大学，1917年更名为中国大学，宋教仁、黄兴为第一、二任校长，彭允彝为代校长。学校初设四大部：大学部，下设文、法、商三科；专门部，下设法、商两科；法政别科部；附属中学部。

据有关资料记载，中国大学的创办倾注了孙中山先生很多心血，一些民国时期军政两界要员也都曾在此供职。从其历届校董、校长的名单里可以看出这所大学在当时的地位。蒋介石、汪精卫、冯玉祥、张学良、阎锡山等曾担任该校的名誉总董事，孔祥熙、孙科曾担任总董事，宋教仁、黄兴、何其巩曾为校长。尤其是以国家的名字为校名、由众多政府要员来操办，这样的学校，古今中外实为鲜见。

不仅如此，风气之开明，思想之新锐，行动之激进，卓尔不群。以李大钊、李达、吴承仕、杨秀峰等为代表的一批“红色教授”曾在学校传播西方现代文化和马克思主义。

1928年，《中国大学十六周年纪念大会会刊》写道：辛亥革命的硝烟尚未散尽，“孙总理在这成功的失望当中，深知欲贯彻革命的主张，谋真正共和的实现，非养成革命的人才从根本上改造不可，于是和宋教仁、黄兴诸先烈规划进行，以树百年大计。这时宋先生恰供职北平，又以北平为全国文化的中心，遂决计组织搜罗学识经验丰富的革命人才为导师，而宋先生则被推为第一任校长。筹备即竣——至是为时势所要求的中大（中国大学），遂于民国二年四月十三日正式成立了”。成立前校名定为“国民大学”。岂料将要开学时，第一任校长宋教仁于1913年3月20日在上海遇刺，22日去世。于是改由校董黄兴出任第二任校长，由彭允彝代行校长职务。

中大任教的名单中，李大钊、蓝公武、李达、吴承仕、黄松龄、曹靖华、林损、杨秀峰、吕振羽等人物赫然在列。经此熏陶尔后功成名就者，亦大有人在，李兆麟、白乙化、齐燕铭、段君毅、董毓华、黄诚、任仲夷、杨易晨、张友渔、张致祥、浦洁修、徐才、李大伟等，可谓人才济济。

叶聚六耳濡目染，迅速接受到民主与科学等一系列新思想新观念的洗礼，开始思考未来、探索真理，追求进步，探寻中国愚昧落后积贫积弱之原因及国家之出路，成为“铁肩担道义，妙手著文章”的一代知识分子。1926年从偏远之乡来到政治文化中心的北京，思想已然脱胎换骨，今非昔比，在李维、陈克农、李光普、王逐萍等梁山同学的引导下，加入了中国共产党，三年后成长为中共中国大学党支部书记，成为振臂一呼应者云集、众望所归的人物。与此同时，他也曾被捕入狱，所幸并无大碍，108 天后被释放，继续他的专业学习和政治活动，至 1933 年于文科国文系毕业，旋即告别京华，回归巴蜀，继续他的未竟之业。

落叶聚还散，寒鸦栖复惊。

从 20 世纪 30 年代起，叶聚六便以家乡梁山（今重庆市梁平区）为基点，往来于万县、云阳、重庆、江津、达州等地，大多以中学教师为职业，同时从事党的地下活动。

梁山，位于川东平行岭谷区，磅礴逶迤的南华山和明月山自东北至西南贯穿境内，两山之间一平坦大坝，豁然中开，田野纵横，沃土万顷，素有“川东粮仓”之称。梁山即由进入境内的南华山脉中有名的高梁山而得名，所以，梁山又称“高梁”或“都梁”，《蜀中名胜记》说：“邑名高梁，又曰都梁，皆因山也。”《梁山县志·舆地志》说：“梁邑扶舆磅礴之气，酝酿宏深。”为连接川东川西的“夔梓咽喉”。这里“人多劲勇，士笃儒风，稻田繁朊，民力于农”，并有“吉凶相助，周恤可风”，“迄今丧葬婚嫁，一切尚俭朴”的风尚。南宋诗人陆游途经此地，曾有诗作多篇纪其行，其中，一首《题梁山军瑞丰亭》的七言古诗，专写地方风情，最有意味。诗中说：“峡中地偏常苦贫，政令愈简民愈淳”，“都梁之民独无苦，须晴得晴雨得雨；史君心爱稼如云，时上斯亭按歌舞。歌阑舞罢史君醉，父老罗拜丰年赐”。陆游“政令愈简民愈淳”，作为一种政治主张和治民策略，在当地广为流传，成为一方之掌故。由于耕地众多，气候温和，百姓朴实，物产丰富，梁山自古就是川东的一块肥美之地。有俗语道：金开（县）银万（县），比不到梁山一半。明末清初的范麟《和高梁赈粥行》的诗中有“高梁十万户，风俗幸未漓。农则安于野，士非相在皮”的句子，可见当时当地农民安居乐业，勤俭厚道，士人不尚虚华，笃实好学的生活状态。

由于来知德、破山、竹禅等文化人物和年画、竹帘、灯戏等民间艺术的关系，梁山很早就被认为是一个文化积淀较为深厚的地方，素有“民间艺术之乡”的称誉。文化的繁盛，足以说明除了梁平地方经济相对富庶之外，当地人士在满足衣食之需的同时，更有风雅之举和崇尚美的生活习性。经济和文化的并驾齐驱，相得益彰，足以令毗邻州县垂涎。

梁山在民国年间，崇文尚学之风尤盛，一旦温饱有余，就要送子入学。晚清废科举兴学校，尤其是辛亥革命后西学东渐，各地大学如雨后春笋，地处川东腹地的梁山，人们也不惜送子求学他乡，远则南北二京，近则巴蜀之内。告假还乡或学成归来，因三观不合、见解不同、地域各异，居然论辩争议不断，从而大致形成了“京派”和“省派”两大阵营。两派先由学派之争，逐渐演变为地方政治派系之争。曹健勤在《梁山县京省两派的斗争》一文中说：

京派，最早泛指梁山县旅京、津、沪、宁、武汉等地的学生，后凡赞成京派观点的通称京派；省派，早期泛指梁山县旅蓉及四川省内各地的学生，后凡同意省派观点的概称为省派。从客观上讲，京派人士思想比较开明，对推动我县历史进程起到了一定的积极作用，特别是中共地下党组织利用京派作掩护，取得了一些发展，但并非京派中所有人都是进步的。省派人士比较保守，长期盘踞国民党县党部，打击进步势力，阻碍历史进程，但并非省派人士个个都保守，其中也还有进步人士。那时地方政府为鼓励梁山学生外出求学，曾设有留学贷费。名为贷费，实际没有一个人还贷，等于留学补助。其标准是：在省内求学的每人每年可贷大洋五十元，学习优秀的还可增到一百元；在省外的一百五十元，留学日本的三百元，欧洲的五百元。梁山学生外出读书的多，贷费的支持是一个重要原因。留学生并非个个富有，有些是很清寒的，有了贷费才得以完成学业。

当时梁山县在外省求学的人分三个部分：京、津地区的学生最多时有五六十人（陈克农、陈绍虞、徐维善、鄢梧秋、钟逢春等都是北京学生）；在上海、南京的学生最多时有三十人左右（薛子正和王荫槐是上海大学的学生，李维军是上海商船学校的学生）；武汉的梁山学生最盛时期有四十余人（李维、王炎离和我都在武汉求学）。他们接受新事物多，追求进步，有的早年就加入了共产党。

两种势力此消彼长，互相较量，并借助《梁山时报》《梁山复兴日报》等各自的舆论工具进行笔战。叶聚六离京还乡，无可选择地卷入到两派纷争的旋涡之中。

但是，此时的省派已占据要津，京派的陈克农、郑豫江、石溶川、李维、王一贯等重量级人物避之犹恐不及，纷纷远走他乡。叶聚六更是难以立足，于是受朋友或党的地下组织举荐，十余年中奔走各地，先后在万县女中、云阳县立中学、江津县立女中、成都三十集团军、万县高级农校、万县大华炼油厂、重庆高级商校、省立达州师范学校、成都中央军校预备班等处担任教席或任文职。只有 1937 年在梁山县立中学和 1944 年在梁山自力学校有过两次短期的家乡任教经历。

1949 年 11 月 27 日解放军入驻重庆，他便很快离开中央军校，由蓉到渝，先后任教于重庆八中和重庆一中。由于早年的经历，叶聚六最后三十年的岁月也经历了不少坎坷。1979 年，叶聚六经波历劫，走完他风雨飘摇七十五年人生之路。

如烟皆过往，一去莫回头。

遥想同学少年，踏足京师，接受新思想后，于是踌躇满志，壮怀激烈，产生天下关怀的冲动，继而投身革命，其胸襟意气，是何等的阔大高昂，不可名状！

到了回归故里，本应一展身手，报效家国。但他的初衷，他的理想，他的冲动与他的身逢而境遇的现实，恰似梦一场。

梦醒来，他已垂垂老矣，人生百态，天地万化，皆如过眼云烟，再也难以引起他的冲动，包括迟来的平反。因为是非曲直、毁誉成败充斥着他的一生，消减了他所有的激情和心血，并伴随他走完七十五年光阴，陆游曾有“塞上长城空自许，镜中衰鬓已先斑”的诗句，感叹人生易老而壮志难酬。

当叶聚六怀揣理想，负笈京华之时，恰如拥有一手绝好的底牌，登场亮相，注定胜券在握。哪知道历史却跟他开了一个天大的玩笑，以至于落花流水的结局。然而，以小观大，其中的悲哀远非如此！因为那一时代与叶聚六同命运共患难者，何止千千万万！

颇可感佩的是，叶聚六家族枝繁叶茂，并且各有成就。其子叶君平先生在电子科技领域取得突出成就，被他身前服务的复旦大学列为名师载入史册。其长孙叶光军创业有成，现为公司的董事长，并且，经他保存下来的其祖父叶聚六及其家族的照片、信札、证件、手稿、字画和碑刻拓片，一应俱全而从未丢失，仔细对照，足可以追索叶聚六一生的过往遗痕，印证那个时代的雨雪风霜。

从叶聚六遗存的资料，可窥视其交往的圈子。在中国大学期间，他与林损先生大概是最为密切，除合影留念外，还有信札和书法题赠。林损（1890—1940），国学大师，字公铎，又字攻渎，浙江瑞安（现归温州市管辖）人，著作有《伦理正名论》《政理古微》《中庸通义》《老子通义》《辨墨》《中国文学讲授发端》《文学要略》《永嘉学派通论》等数十种。抗日战争全面爆发后，林损返归瑞安，里居不出。1940 年，林损时值五十之盛年却因肺病去世，瑞安和重庆两地同时举行规模盛大的公祭大会。国民政府主席林森颁令褒奖："前国立北京大学教授林损性行英迈，学术湛深，曩年参加革命，奔走宣传，不辞艰苦，嗣即努力教育，潜心著述，于政学理，多所阐扬，夙为后进钦响。"张学良则亲笔书写"人师、经师、国学大师"的挽幛哀悼。

除林损外，孙尔康、李芳序、王旭夫、李维、赵章明、曹健勤、陈克农、李光普、傅香泉、李次华、唐仲朋、王逐萍等，都或多或少地在资料中显现出来，他们或为师长，或为朋友，或者是亦师亦友的关系。这些人大多是梁平籍人士，也大多属于"京派"人物。在民国年间党派之争时，"省派"把持县党部等要害机关，"京派"处于劣势，陈克农、李芳序等一大批人避祸他乡，这给自己的将来埋下了不幸的伏笔。

这一切，叶聚六也未能幸免，历史的命运在劫难逃。

京华遗影看当年，
天下兴亡任在肩。
无奈夜行风雨路，
再回头已事如烟。

2022 年 6 月回梁平休假，应命安兄之约去叶光军先生的府上，与家乡的几位文化人士逐一翻看了叶聚六的遗照遗稿和字画拓片，感慨万端，回渝路上不禁成诗一首，所叹者非叶聚六先生一人而已，乃其身逢而境遇之时代也。

熊少华

2023 年暮春于渝州

（熊少华，中国书法家协会会员、中华诗词学会会员、国家艺术基金专家、重庆市第二届政协委员、重庆市政协书画院副院长、重庆诗词学会副会长、重庆市书法家协会副主席、重庆国画院艺委员会委员、重庆中国画学会理事、四川美术学院客座教授）

目录

第一辑

照片

（1926—1979）

叶聚六简介

叶聚六生于清末，成长于民国，同时也见证了新中国的成立和社会主义建设。青年时期主要在北京求学并加入中国共产党。中年时期主要从事教育工作。晚年退职还乡，务农糊口，耕读传家。其一生结识广泛，桃李芬芳，历经波折，终老故土！

叶聚六像，1927年夏摄于北京

重庆市梁平区，西魏元钦二年（553）置梁山县，以境内高梁山为名，治黄土坎。

中华人民共和国成立后，因县名与山东省梁山县同名，遂以境内有平坝而更名为梁平县。1953 年 3 月 10 日，撤销大竹专区，梁平县划归万县专区（地区）管辖至 1997 年 6 月。

1997 年 6 月设立重庆直辖市，梁平改由重庆直辖。

2016 年 11 月 24 日，撤销梁平县，设立梁平区。

1926 年 4 月，中学毕业时李光普、叶聚六、李良才、高泉芹（从左至右）摄于梁山县

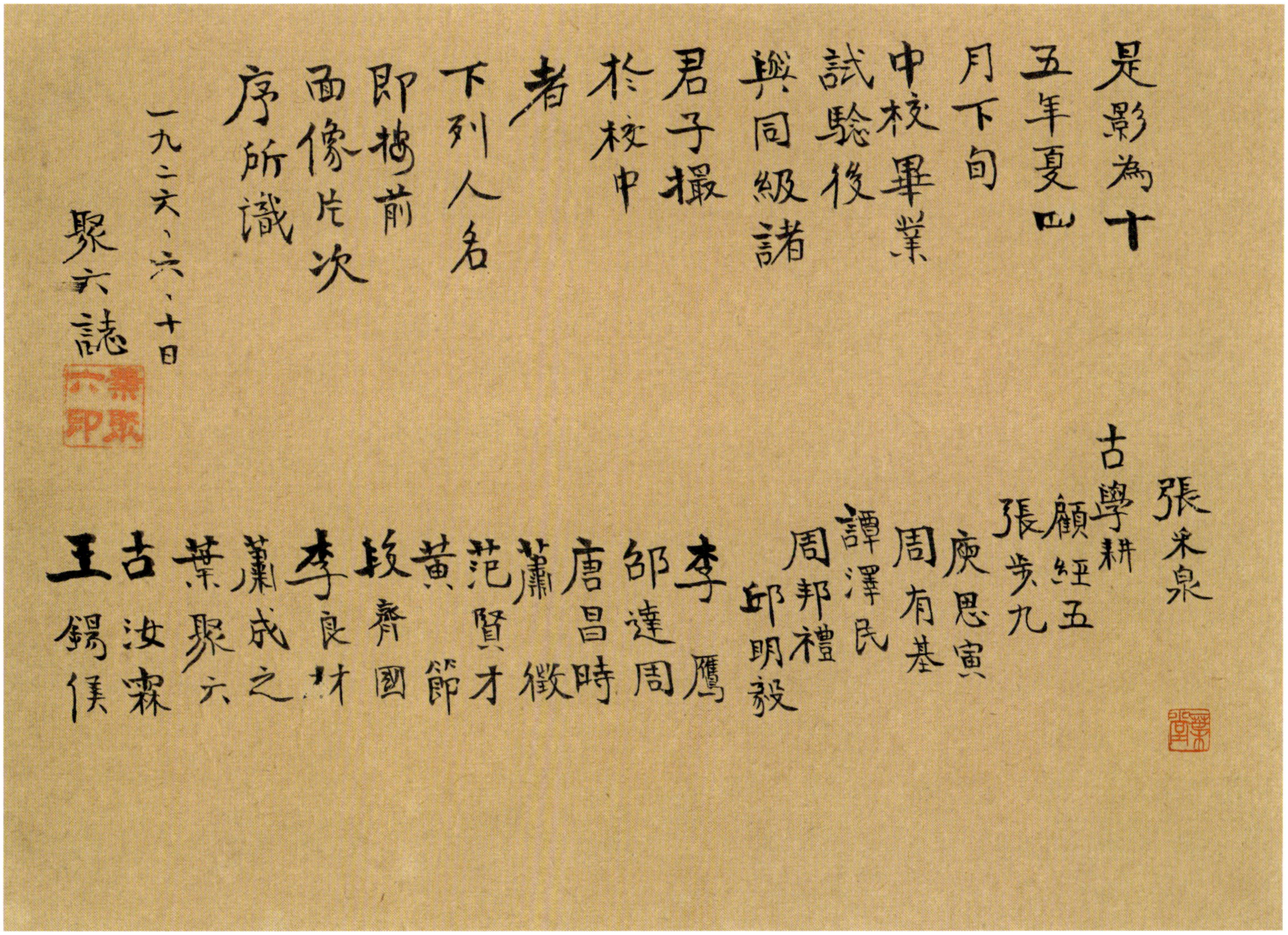
是影為十五年夏四月下旬中校畢業試驗後與同級諸君子撮於校中者下列人名即按前面像片次序所識

一九二六、六、十日

聚六誌

張釆泉 古學耕 顧紝五 張步九 庾思寅 周有基 譚澤民 周邦禮 邱明毅 李鷹 郃達周 唐昌時 蕭徵 范賢才 黃節 敖齊國 李良材 蕭成之 葉聚六 古汝霖 王錫侯

“是影为十五年夏四月下旬，中校毕业试验后，与同级诸君子撮（摄）于校中者。下列人名即按前面像片次序所识。一九二六年六月十日，聚六志”

1926 年 6 月 10 日，梁山中学毕业合影

“梁山中学同学段齐国，1926 年 4 月摄于梁山县”

“杜子良，四川江津人，中大同学，1926 年”

“梅兰芳剧照，1926 年冬购于北京”

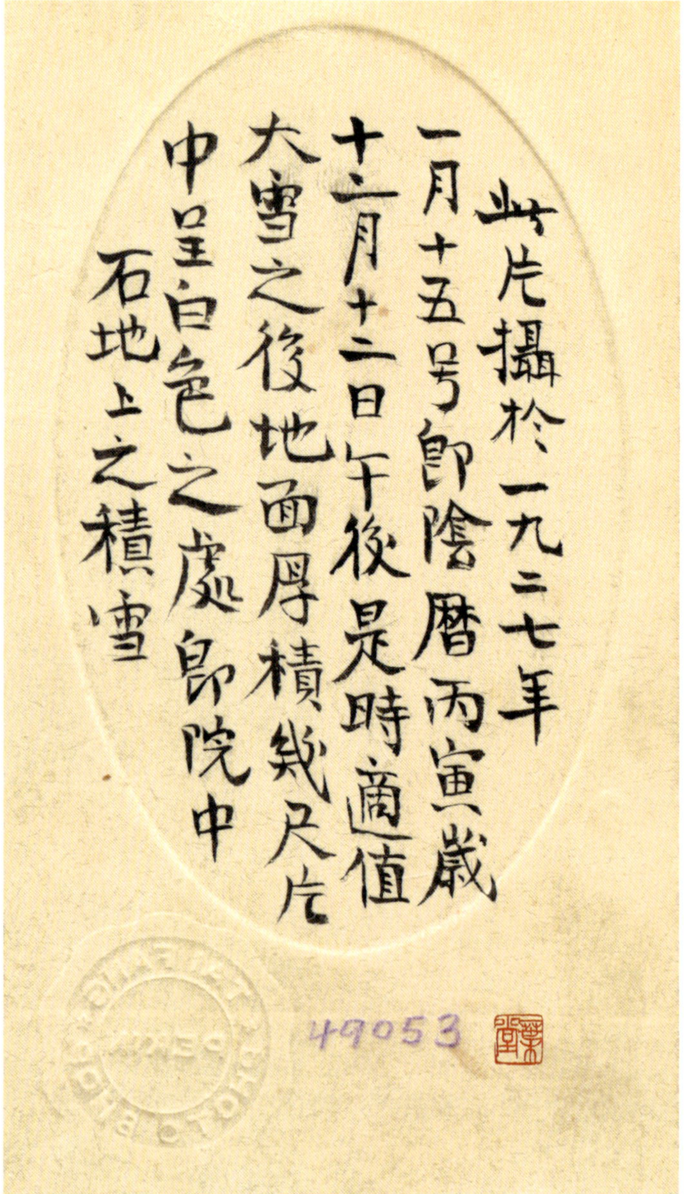

叶聚六像

“此片摄于1927年1月15号，即阴历丙寅岁十二月十二日午后，是时适值大雪之后地面厚积几尺，片中呈白色之处即院中石地上之积雪”

1926年，李次华（左）与李珥彤摄于北京

李次华又名光亮、光浪，革命烈士。先后毕业于梁山中学（今梁平中学）、北京国立农业大学；后留学日本，1925年回国，1926年参加中国共产党；后在梁山从事革命工作。1930年参加四川红军第三路游击队（担任第二大队大队长）东征武汉，后在石柱县被俘。当年10月，被反动派杀害于丰都。1950年9月13日，梁平县人民政府追认其为革命烈士。

李珥彤（李尔彤），梁平人，中国大学专门部政治经济科毕业，叶聚六校友，曾任梁山县第三科（教育科）科长，合川、内江、梁山中学教务主任，梁山县府督学。1939年11月—1940年1月任梁山中学校长，其间叶聚六任教务主任。

颐和园，清朝乾隆十五年（1750），皇帝为孝敬其母崇庆皇太后所建，坐落在北京西郊，距城区 15 千米，全园占地 3.009 平方千米（其中颐和园世界文化遗产区面积为 2.97 平方千米），水面约占四分之三，是第一批全国重点文物保护单位，与圆明园毗邻。

1927 年 3 月，叶聚六与友人摄于颐和园

1912年，中国民主革命先驱孙中山先生为培养民主革命人才，仿日本早稻田大学在北京创办“国民大学”，1913年4月正式开学。1917年3月5日，改名为中国大学。

在中国共产党1921年成立前，中国大学就有人参加北京共产主义小组。

1949年4月停办，卒业学生近2万人。理学院各系、文学院哲教系与北京师范大学合并。后理学院又合并于山西大学，法学院法律系并入华北大学。所遗校舍成为中央人民政府教育部的办公场所，今为中华人民共和国教育部办公场所。

1926年至1928年，叶聚六在中国大学预科文科班学习并顺利毕业。1930年至1933年，叶聚六在中国大学文科国学系学习并毕业，获文学学士学位。其间，1930年5月至1930年7月，任中共中国大学支部书记。同年，被捕入狱108天。

叶聚六像，1928年5月20日摄于中国大学宿舍

1930年5月摄于山海关（外郭）

山海关，又称榆关、渝关、临闾关，始建于隋开皇三年（583），位于河北省秦皇岛市东北15千米处，是明长城的东北关隘之一，素有中国长城“三大奇观之一”“天下第一关”“边郡之咽喉，京师之保障”之称，与万里之外的嘉峪关遥相呼应，闻名天下。

山海关是第一批全国重点文物保护单位。1987年12月，长城列入世界文化遗产。

北海公园，位于北京市西城区文津街1号，东邻景山公园，南濒中南海，北连什刹海，全园占地68.2万平方米（其中水域面积38.9万平方米，陆地面积29.3万平方米）。

全园以北海为中心，辽、金、元在此建离宫，明、清辟为帝王御苑，属于中国古代皇家园林，1925年开放为公园。

北海公园是第一批全国重点文物保护单位。

1930年2月26日，叶聚六与友人雪后摄于北海公园

“杰辉，1931年9月10日摄于北平，赠聚六兄惠存”

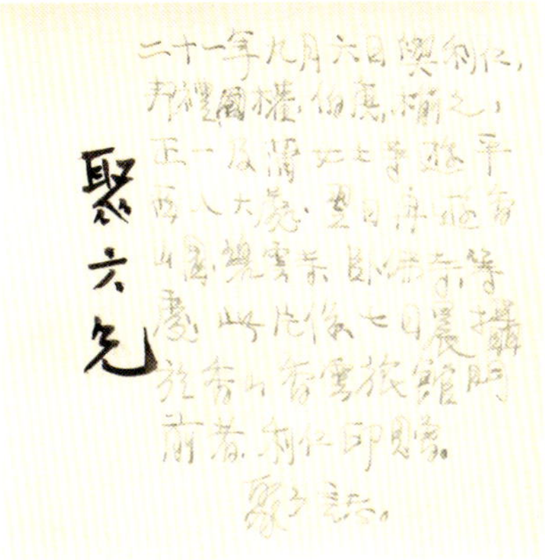

“二十一年九月六日(1932年9月6日)与利仁、邦礼、国权、伯庚、榆之，正一及蒲女士等游平西八大处，翌日再游香山园、碧云寺、卧佛寺等处，此片系七日晨摄于香山香云旅馆门前者，利仁印赠。聚六志”

1932年12月6日，叶聚六（左）与国学大师林损（中）摄于北平

林损（1890—1940），字公铎，又字攻渎，浙江瑞安（现归温州市管辖）人。国学大师，著有《伦理正名论》《政理古微》《中庸通义》《老子通义》《辨墨》《中国文学讲授发端》《文学要略》《永嘉学派通论》等数十种。

林损长于记诵，许多古籍都能背诵。任北大教授时，当时的北大校长胡仁源认为他的文学造诣“陈亮、叶适不能过也”。吴宓与之久谈，“甚佩其人。此真通人，识解精博，与生平所信服之理，多相启发印证”。他又恃才傲物，喜欢喝酒骂座，与胡适论学不合。周作人《北大感旧录》中说他的脾气古怪，讲话极为直率，近于不客气。

1940年8月26日，因肺病去世，终年50岁。瑞安和重庆两地同时举行规模盛大的公祭大会。

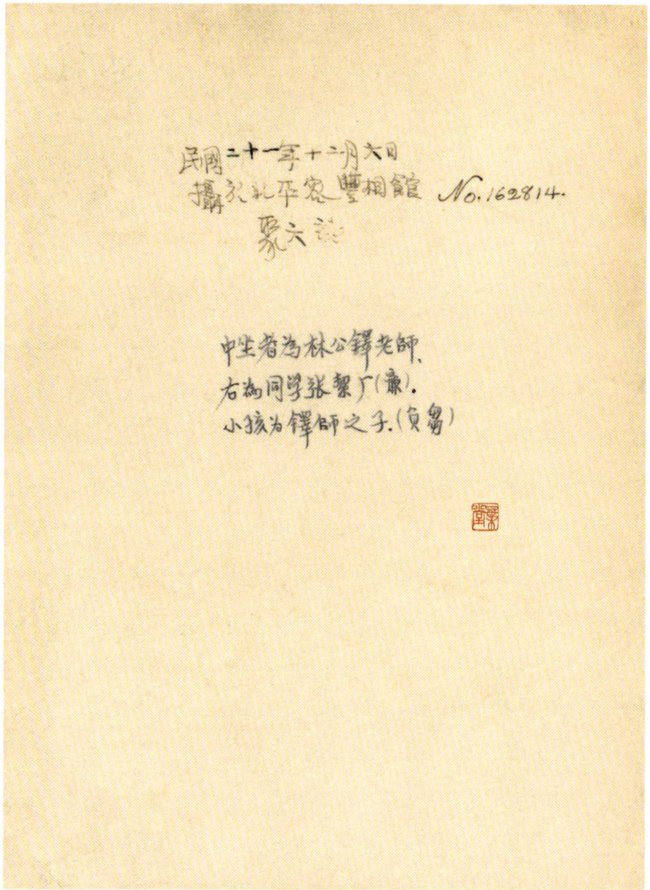

“民国二十一年十二月六日（1932年12月6日）摄于北平容丰相馆，聚六志”

“中坐者为林公铎老师、右为同学张洁厂（廉），小孩为铎师之子（负刍）”

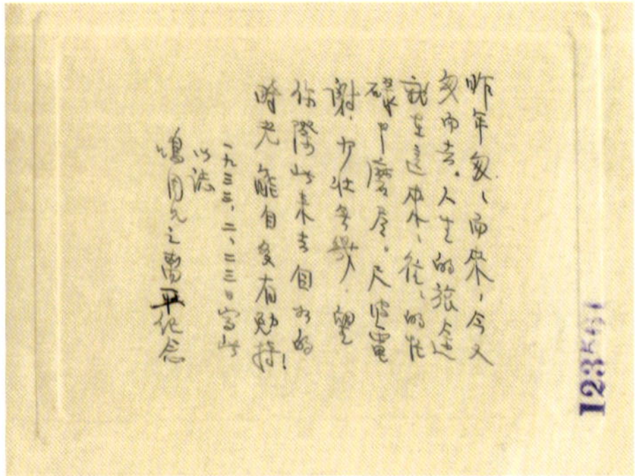

“昨年匆匆而来，今又匆匆而去，人生的旅途就在这来来往往的忙碌中磨尽。尺波电谢，少壮无几，望你际此来去自如的时光，能自多有勉持！1933 年 2 月 23 日宣此以志，鸣周兄之离平纪念”

“李芳序病愈出院纪念，1933 年 4 月 21 日摄于北平中原相馆”

“周邦礼离北平南归时合影，1933 年 5 月 14 日摄于北平”

梁山女子中学同事张曼卿与其夫徐家相（后任梁山县督学）1933 年结婚照，摄于梁山县原国民党党部会堂

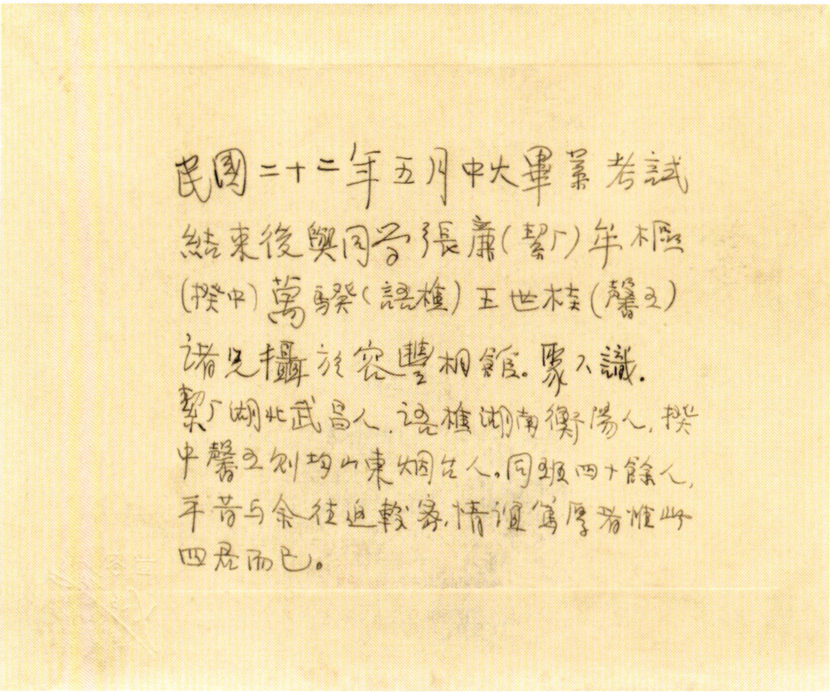

民國二十二年五月中大畢業考試
結束後與同學張廉（潔厂）牟樞
（揆中）萬騤（語樵）王世桂（馨五）
諸兄攝於容豐相館。聚六識。
潔厂湖北武昌人，語樵湖南衡陽人，揆
中馨五則均山東烟台人，同班四十餘人，
平昔與余往返較密，情誼篤厚者惟此
四君而已。

“民国二十二年五月（1933 年 5 月）中大毕业考试结束后与同学张廉（洁厂）、牟枢（揆中）、万骙（语樵）、王世桂（馨五）诸兄摄于容丰相馆。聚六识。洁厂湖北武昌人，语樵湖南衡阳人，揆中、馨五则均山东烟台人。同班四十余人，平昔与余往返较密、情谊笃厚者惟此四君而已”

万县县立女子初级中学创建于 1929 年，由 1926 年创办的县立第二女子学校扩建而来，校址为高笋塘原王家花园。

1951 年 2 月，更名为川东区万县市女子中学校，1953 年更名为四川省万县第三中学校。

1997 年因重庆直辖更名为重庆市万州第三中学，后被批准为重庆市重点中学。

1934 年至 1935 年 4 月，叶聚六任教于万县女中。

1934 年 1 月，万县女中附小高四班学生毕业摄影

1934 年 11 月 12 日，叶聚六与叔父及叔父的四个子女摄于梁山县

1934 年，万县公园钟楼

“与友人 1934 年 12 月 7 日于万县西山公园留影系列”

“六师玩。此为万县南岸翠屏山东之文峰塔，民国二十四年（1935）春假，曾与昭兰游于其下，故兰以其旧片印寄”

万县文峰塔，由清代万县知县冯卓怀于同治八年（1869）下令在翠屏南山之巅修建，又被万州人称为“新宝塔”。

文峰塔为十三层楼阁式六边形砖石结构建筑，塔体通高36米，内原有木梯可上塔顶。除塔檐外，通身用石灰抹面。文峰塔依山临水，坚固壮观，为古代万县城的标志，充分展示了劳动人民的聪明才智。

1935 年中华民国第六届全运会在上海江湾体育场举办，是 1949 年前中国体育史上的最高峰。赛会共计打破 19 项全国纪录，创下了历史之最。

1935 年，全国运动会竞赛现场——跳高

校第五班學生畢業時與校長暨諸先生留別紀念之影
民國二十四年一月

万县县立女子初级中学创建于 1929 年，校址为高笋塘原王家花园。

现为重庆市万州第三中学。

“万县县立女子初级中学校第五班学生毕业时与校长暨诸先生留别纪念之影。民国二十四年一月（1935 年 1 月）”

“六师惠存。生：兰昭敬赠，乙亥上元日，摄于万县丽芳，
1935 年 2 月 23 日”

“六师惠存。生：兰昭敬赠”

“六师存念。生：兰昭敬赠。1935 年 4 月 4 日于南浦。春假时返万游玩 5 日，此片系 4 月 1 日摄于三民相馆”

“献给六师。1935 年 4 月 7 日于南浦”

“汪师母、叶先生存念。学生友兰、大昭敬赠万女中校，1934 年冬”

“1935 年 7 月摄于云阳张飞庙”

云阳张飞庙，又名张桓侯庙，始建于蜀汉末期，位于云阳老县城对岸的飞凤山，系为纪念三国时期蜀汉名将张飞而修建。该庙殿宇群依山取势，庙内碑刻书画丰富，被誉为“巴蜀胜景、文藻胜地”。

因三峡工程建设，张飞庙于 2003 年 7 月 19 日整体搬迁至盘石镇龙安村。

“六师你看变了没有啊！ 1935 年 8 月 16 日上海寄来”

“六师，你理想中的我是否这样？事实告诉你，我就是这个傻像。
廿四年（1935）双十节，摄于上海。佩瑜志”

叶聚六像，1935 年 8 月 26 日摄于万县

“夫人崇静，儿子兴森，女儿仲容、季娴合影，1936 年元月摄于梁山县”

1936 年 5 月，摄于万县南浦

1936 年 5 月，摄于万县南浦

壹班同學畢業與全體教職員撮影紀念 中華民國廿四年五月十九日

重庆市云阳县立中学校，清光绪二十八年（1902），由知县刘孝祚募资修建中学，选县城西五里先农坛旧址为校地，由甘作仪等监修。

民国十九年（1930）8月，附设师范科，学制一年。

1988年，更名为“四川省云阳中学校”。

1988年11月，四川省人民政府批准该校为省重点中学。

1997年，重庆直辖市成立，学校更名为“重庆市云阳中学校”。

2000年5月，由于修建三峡工程，在双江镇群益村动工修建新校。

2001年9月，新校开始招收新生。2002年8月，全迁到新校，10月3日举行新校落成暨建校100周年庆典。

2009年3月，经重庆市教育委员会批准，重庆市云阳中学校更名为“重庆市云阳高级中学校”。

1935年5月19日，云阳县立中学校贰拾一班同学毕业与全体教职员摄影纪念

雲陽中學校廿三班全体同學脩業期滿

1936年5月11日，云阳中学校廿三班全体同学修业期满撮（摄）影纪念

1936 年 7 月，云阳西坪县立中学校旧校舍全景

“聚六学长存念，榆文敬赠。1936 年 9 月 30 日于梁山中学校”

叶聚六像，1936 年 12 月 21 日摄于江津县立女中校

1936 年 12 月 21 日，叶聚六等摄于江津县立女中校

1937年1月，叶聚六等与江津女中学生篮球队“飞虎”合影

1937 年 1 月，叶聚六等与江津女中十一班篮球队“飞鹤”合影

江津縣立女子初級中學中九班

江津县立女中，成立于民国十四年（1925），建校初期是江津地区党的地下组织的指挥中心。

民国十六年（1927），重庆发生“三三一”惨案后，中共江津县委成立，江津女中一度成为县委机关的驻所。

1952年，四川恢复省建制后，学校更名为“四川省江津第二中学校”。

1997年，重庆直辖市成立，学校更名为“重庆市江津第二中学校”，后升格为重庆市重点中学。

1936年12月至1937年7月，叶聚六任教江津县立女中。

1937年7月9日，江津县立女子初级中学中九班毕业摄影

叶聚六像，1937 年 12 月 4 日摄于梁山白兔亭

崖泉瀑布，古“梁山八景”之一，位于今重庆市梁平区蟠龙镇百步梯古驿道旁的陡峭峡谷中。上游由蟠龙洞和山上多处泉水汇集在峡谷口，垂直下落200余丈，宽二三十丈。水势汹涌澎湃，浪花似飞珠溅玉，飞瀑激起云雾升腾，在山谷中发出巨大的轰鸣声，如雷霆震荡山川。诗人陆游赞叹“远望纷珠缨，近观转雷霆”，古道旁的白兔亭为绝佳观景之处。

1937年12月，梁山县立初级中学男生部旅行白兔亭纪念

“这张合影上你母亲的人像可以放大。但须将其周边的背景去掉，1938 年”

叶聚六像，1938 年夏摄于重庆公园

“聚六夫子存念，懋芸敬赠，1937 年 12 月 31 日”

“1938年2月28日摄于重庆南岸之黄山。鹤识”

三十六班全體學生與導師六

清朝末年，废科举、兴新学，1907 年 2 月，梁平中学建校，名为“梁山中学堂”，使用县城南门“桂香书院”校舍，1919 年改名为“梁山中学校”，1925 年改名为“梁山县立初级中学”。

1927 年，中共地下组织在梁中开展活动，梁中的党员参加领导了 1930 年闻名天下的川东“虎南起义”。

梁中师生中的党员积极投身于抗日救亡运动，数位梁中教师先后担任过中共梁山特支、梁山县委、梁达中心县委书记或委员。解放战争时期，他们反对国民党的统治，为迎接解放作了不懈的斗争。

1950 年学校改名为“川东区梁山中学校”，1953 年改名为“四川省梁平中学”。

1997 年重庆直辖，学校更名为“重庆市梁平中学”，是重庆市重点中学。

1926 年，叶聚六毕业于梁山中学。1936 年 9 月至 1940 年 1 月，叶聚六两次担任该校教务主任。

1938 年 5 月，三十六班全体学生与叶聚六先生留别纪念摄影

1938年5月20日，叶聚六与学生摄于梁山县立中学之大礼堂前

1938 年 5 月，叶聚六与梁山县立中学三十八班学生合影

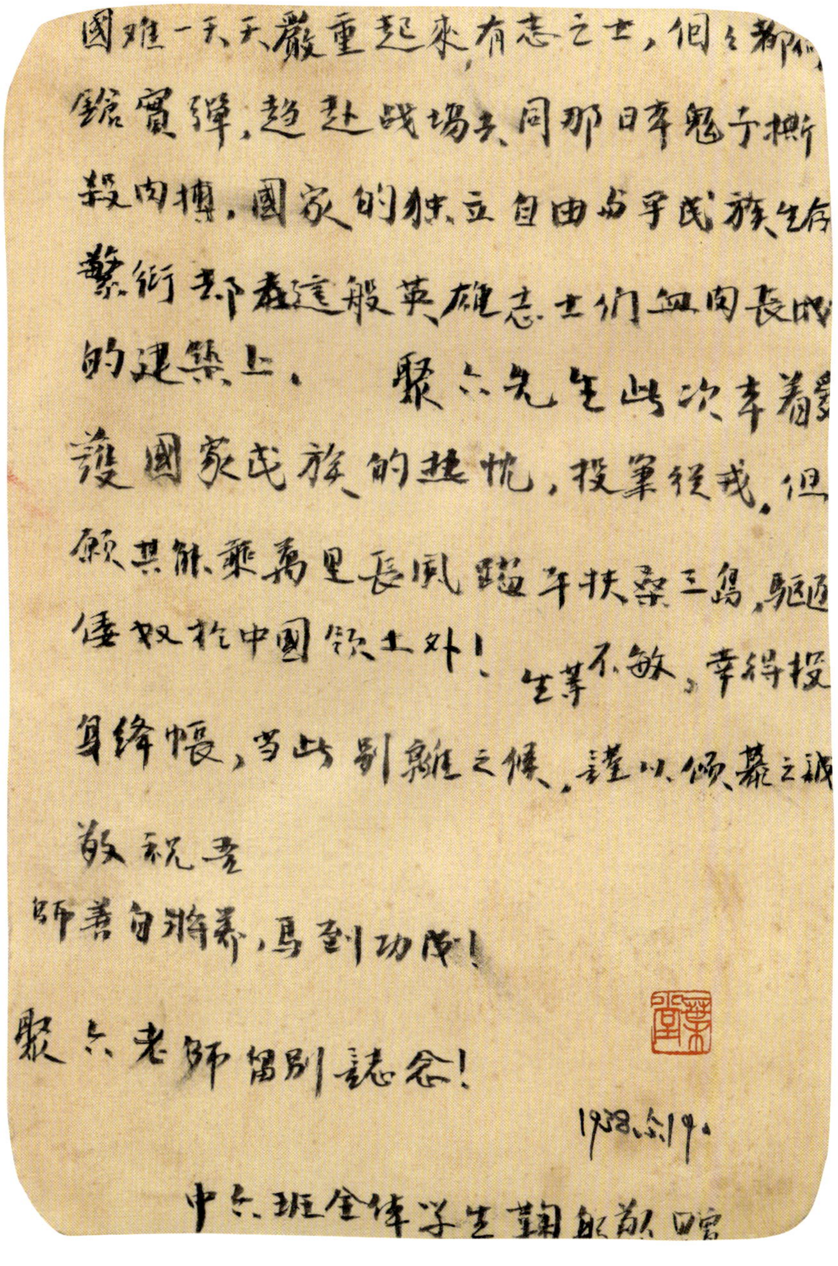

國难一天天嚴重起來，有志之士，個々都荷
鎗實彈，趋赴战場去同那日本鬼子撕
殺肉搏，國家的独立自由与乎民族生存
繁衍都在這般英雄志士們血肉長城
的建築上。 聚六先生此次本着愛
護國家民族的熱忱，投筆從戎，但
願其能乘萬里長風踏平扶桑三島，驅逐
倭奴於中國領土外！ 生等不敏，幸得投
身絳帳，当此别離之候，謹以傾慕之誠
敬祝吾
師善自將養，馬到功成！
聚六老師留别誌念！
1938.5.19.
中六班全体学生鞠躬敬贈

“困难一天天严重起来，有志之士，个个都荷枪实弹，趋赴战场去同那日本鬼子撕杀肉搏，国家的独立自由与乎民族生存繁衍都在这般英雄志士们血肉长城的建筑上。聚六先生此次本着爱护国家民族的热忱，投笔从戎。但愿其能乘万里长风踏平扶桑三岛，驱逐倭奴于中国领土外！生等不敏，幸得投身绛帐，当此别离之候，谨以倾慕之诚敬祝吾师善自将养，马到功成！

“聚六老师留别志念！

“1938 年 5 月 19 日中六班全体学生鞠躬敬赠”

“民国三十年（1941）春间与钟纯乾、文先俊视察大华炼油厂云阳分厂时，先俊为摄此片于云厂门外三坝溪江畔。聚六识。1941 年春”

川东大华炼油厂由梁山党的地下组织创办。

1939年以后，抗日战争进入最艰苦时期，由于日寇几乎封锁了我国全部出海口，抗战和民众生活所需的汽油、柴油、煤油极为缺乏。在困难的情况下，中共梁山县委书记犹凤岐肯定了对化工生产有研究的党员钟纯乾以桐油为原料，采用钙皂裂化工艺进行生产植物汽油的尝试，其成本比木炭车低廉，效率大为提高，很受欢迎。

在梁山党的地下组织的支持下，钟纯乾在原梁山县天竺乡上八村钟家大院办起了大华炼油厂，生产的植物汽油满足了梁山飞机场、梁万段公路上汽车的需要，柴油供给民生公司在重庆至宜昌段的中小型柴油机轮船使用，还供给万县发电厂和梁山当地的军用、民用。

“大华炼油厂涪陵厂址全景。民国三十年春，先俊摄，涪。1941年春”

桐油能炼汽油的消息传到重庆市曾家岩红岩村八路军驻渝办事处，办事处立即让袁超俊出资在北碚建起了大华炼油厂北碚分厂，所生产的汽油满足了驻渝办事处的需求。而川东大华炼油厂被定名为大华炼油总厂。

在中共南方局地下组织的支持下，川东大华炼油总厂先后在梁山、北碚、重庆、石柱、涪陵、彭水、纳溪、广安、邻水等地办起分厂。地下组织创办大华炼油总厂，充分显示出中国人民的创造能力和善于战胜困难的民族精神。同时对中共地下组织也起到了“一箭三雕”的作用：一是提供了抗战急需的匮乏物资；二是地下组织成员的活动有了公开的职业掩护；三是筹集了党的部分活动经费。

1941年至1944年，叶聚六在大华炼油厂工作。

“卅年（1941）春先俊摄，新隆滩，云阳县西，溯江四十五里之新隆滩为长江上游有名之险滩，每当冬春二季，洪水枯落，滩高数尺，滩下水花四溅，轮船过此均感困难”

“民国三十年（1941）六月六日摄于重庆省高商，聚六识。片中女孩为李光普之三女小南。两路口千秋”

叶聚六像，1943 年 3 月摄于万县

婧的愛女歡別紀念

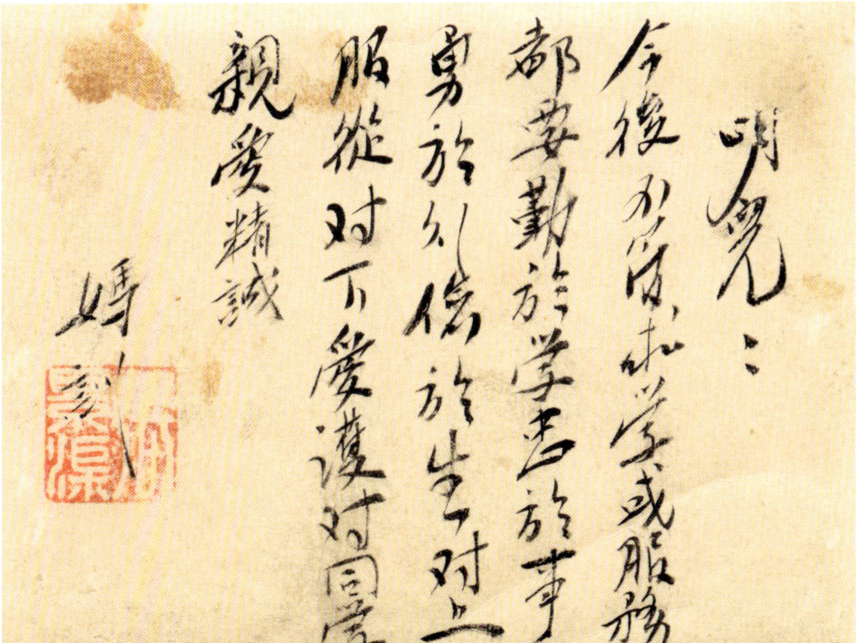
明儿：
今後不論求學或服務
都要勤於學忠於事
勇於行儉於生对上
服從对下愛護对同學
親愛精誠
媽訓

“明儿：今后不论求学或服务，都要勤于学、忠于事、勇于行、俭于生，对上服从、对下爱护、对同学亲爱精诚。妈训”

梁山私立自力初級中學
男女

1920 年，受新文化运动影响，返乡学生、进步绅士在梁山县屏锦铺创办私立新民小学。1940 年 6 月以新民小学为基础，创立私立自力初级中学。1953 年转为公办，现为重庆市梁平区屏锦中学。

1944 年至 1945 年，叶聚六在自力中学任教务主任。

1945 年 6 月，梁山私立自力初级中学男五女三班毕业摄影

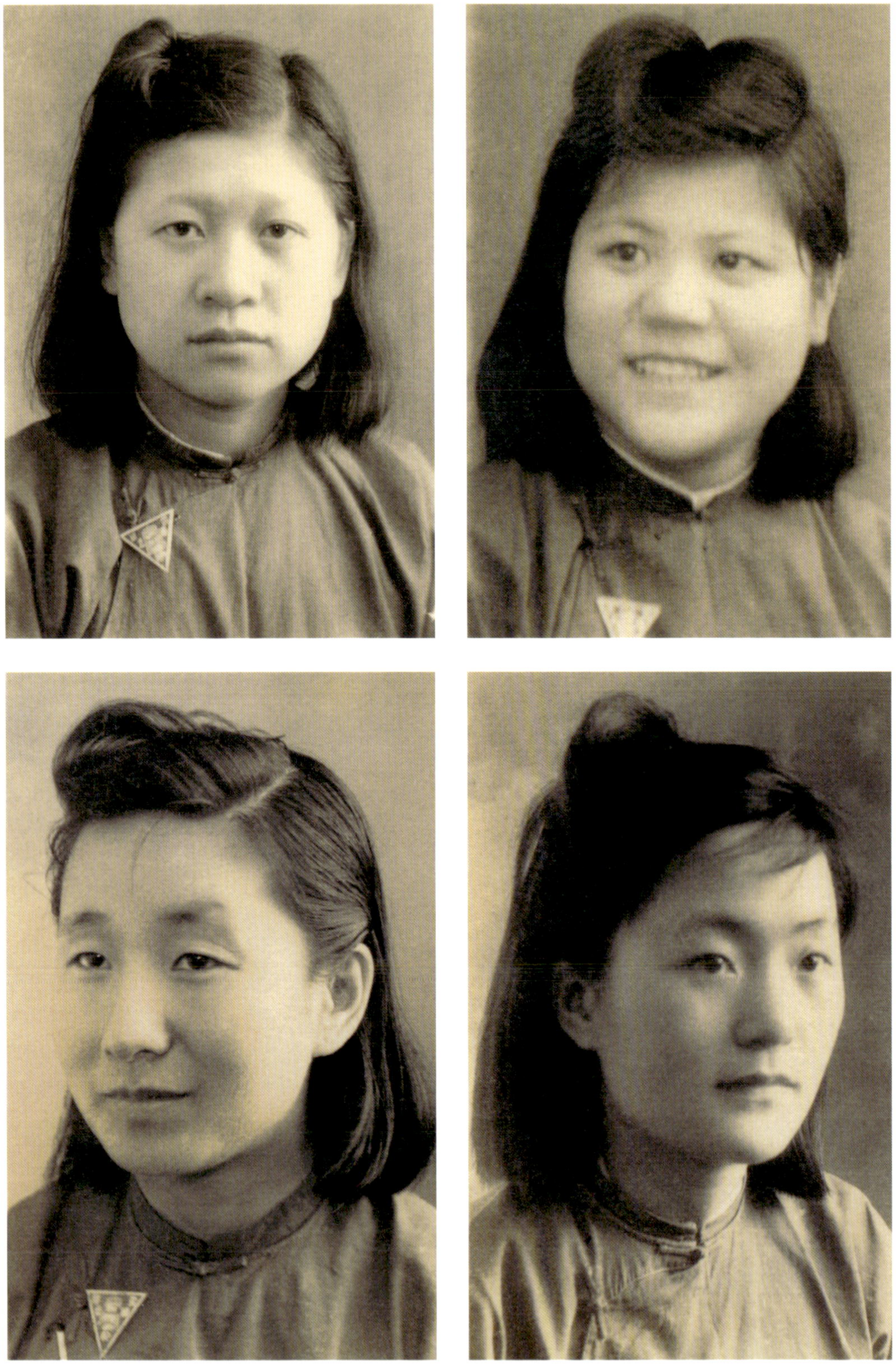

“梁山自力中学学生赠照，1946 年”

“荣丰（相馆）”

“赠给聚六老师，1953 年 7 月 23 日”

高級商業職業學校銀行科
第十班畢業攝影 三十六年六月

四川省立重庆高级商业职业学校的前身为1909年创建的重庆甲种商业学校，解放后更名为四川银行学校，2000年并入西南财经大学。

1946年至1947年6月，叶聚六在四川省立重庆高级商业职业学校任教。

1947年6月，四川省立重庆高级商业职业学校银行科第六班、会计科第十班毕业摄影

1947 年，叶聚六友人所赠照片

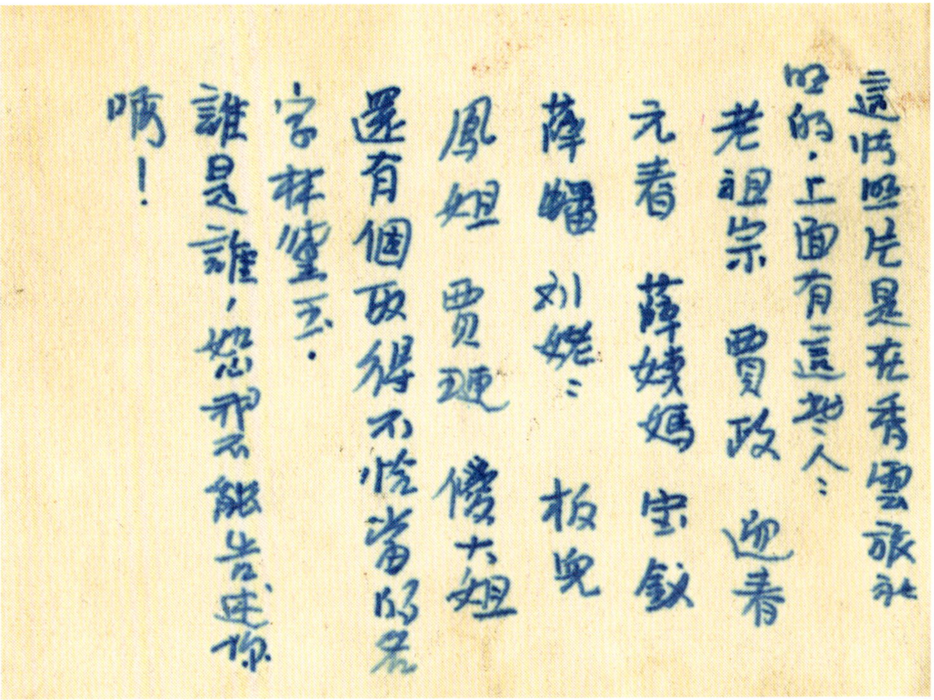

這張照片是在秀雲旅社
照的，上面有這些人：
老祖宗 賈政 迎春
元春 薛姨媽 宝釵
薛蟠 刘姥姥 板兒
鳳姐 賈璉 傻大姐
還有個取得不恰當的名
字林黛玉。
誰是誰，恕我不能告述你
啊！

“这张照片是在秀云旅社照的，上面有这些人：老祖宗、贾政、迎春、元春、薛姨妈、宝钗、薛蟠、刘姥姥、板儿、凤姐、贾琏、傻大姐，还有个取得不恰当的名字林黛玉。谁是谁，恕我不能告述你啊！”

“乘风破浪。川江航行中之上水木船，先俊摄赠”

“江津城东之遗爱池，先俊摄赠”

學生爲級任葉聚六先生暫別合影紀念
第四試場

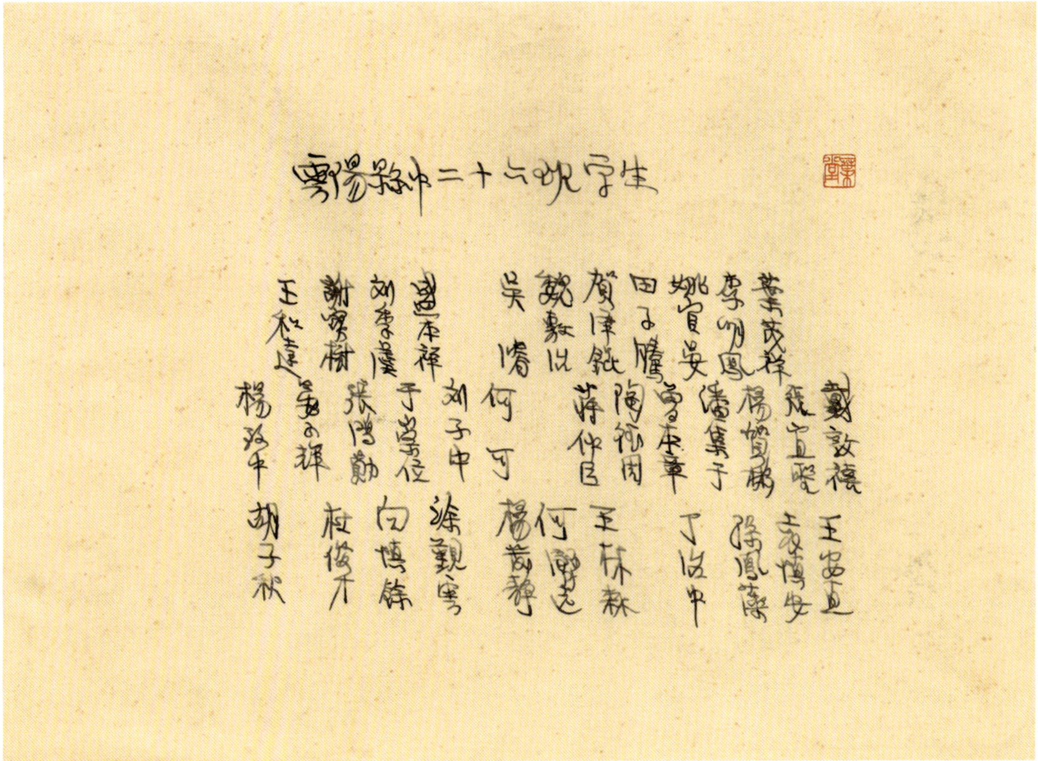

雲陽縣中二十六班學生

云中校廿六班学生为级任叶聚六先生暂别合影纪念

保衛國家
無上光榮
英雄
献給参軍同学
無上光榮

1951 年 1 月，重庆树人中学保送参加军区干部学校学习学生留影

重慶市私立樹人中學高中第一班暨初中第十七班畢

重庆市私立树人中学校于 1938 年由爱国实业家杨若愚先生创办，校址位于沙坪坝区小龙坎正街。

1952 年 12 月，学校由重庆市人民政府接管，改为公办学校，更名为“重庆市第八中学校”，后为重庆市重点中学。

1950年至1953年，叶聚六任教于重庆树人中学，其间加入中国民主同盟。

1951 年 1 月 21 日，重庆市私立树人中学高中第一班暨初中第十七班毕业纪念

“叶伯伯留念。仕刚、仕泽敬赠，1951 年 1 月 20 日”

“贤禄同志被调离校去沙磁分部工作，分部成立大会后，摄此以资纪念”

重慶市私立樹人中學初中第十九班畢業

1952 年 1 月 17 日，重庆市私立树人中学初中第十九班毕业纪念

“儿子叶健与县新华书店同事合影，1953 年 11 月 21 日”

“儿子叶健与县新华书店同事合影，1954 年 4 月 1 日”

“1954年2月2日合影于重庆皇宫，体川、仲容结婚纪念。赠给健兄与志珍嫂留念”

“儿子叶健、君平，儿媳志珍1954年8月14日摄于梁平”

“季娴、君平 1956 年 8 月 19 日升学离渝，摄于重庆沙坪坝”

“送给爹爹生日纪念，入学纪念！ 1956 年 10 月 13 日，
女儿季娴于贵阳”

梁平县图书开行训练班全体干部合影，1956 年 4 月 3 日摄于万县大同相馆

“送给敬爱的叶老师。学生任明秀敬赠，1957 年 3 月 26 日”

重慶一中高一九五七級七班畢業

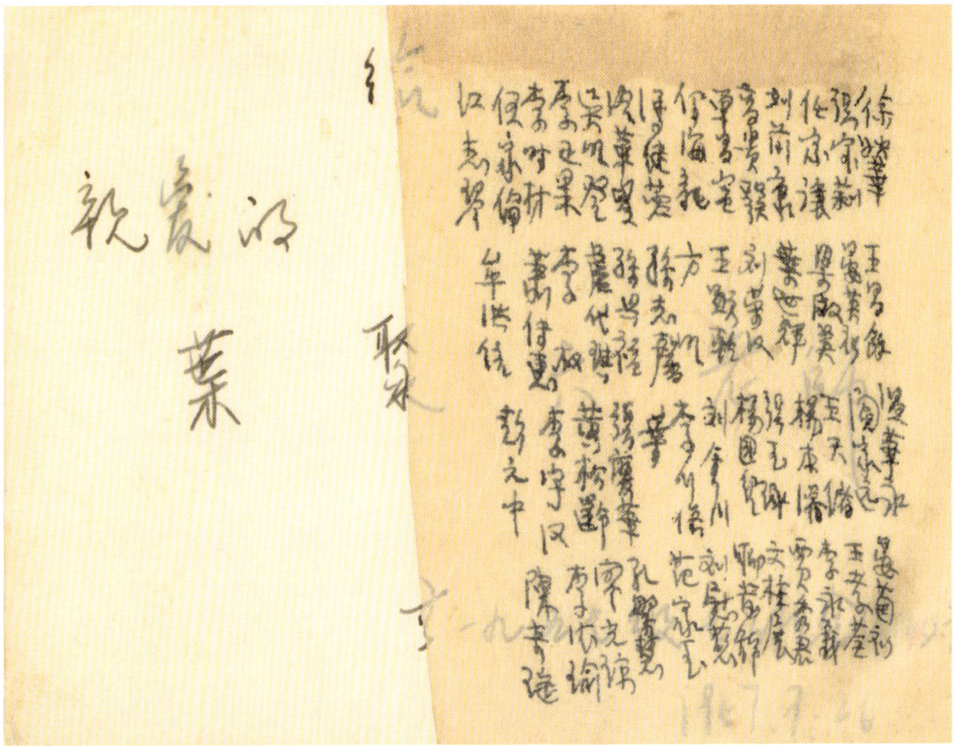

1957 年 6 月 14 日，重庆一中高 1957 级 7 班毕业留念

“给：我们亲爱的叶聚六老师，团市一中高三七支部全体同志赠，1957 年 7 月 18 日”

"给亲爱的班主任老师——叶聚六先生留念。高 1957 级 7 班全体同学，1957 年 7 月 20 日"

“1957 年 8 月，女儿季娴与同学摄于贵医”

“与女儿及外孙女 1957 年 11 月 24 日摄于重庆枇杷山公园”

“儿子君平、儿媳陈翘从上海归来在盐井口水库大坝上合影”

“儿孙们合照”

“1960年春节儿子叶健一家的合影”

“儿子叶健、君平，女儿合影，1960 年 8 月 1 日”

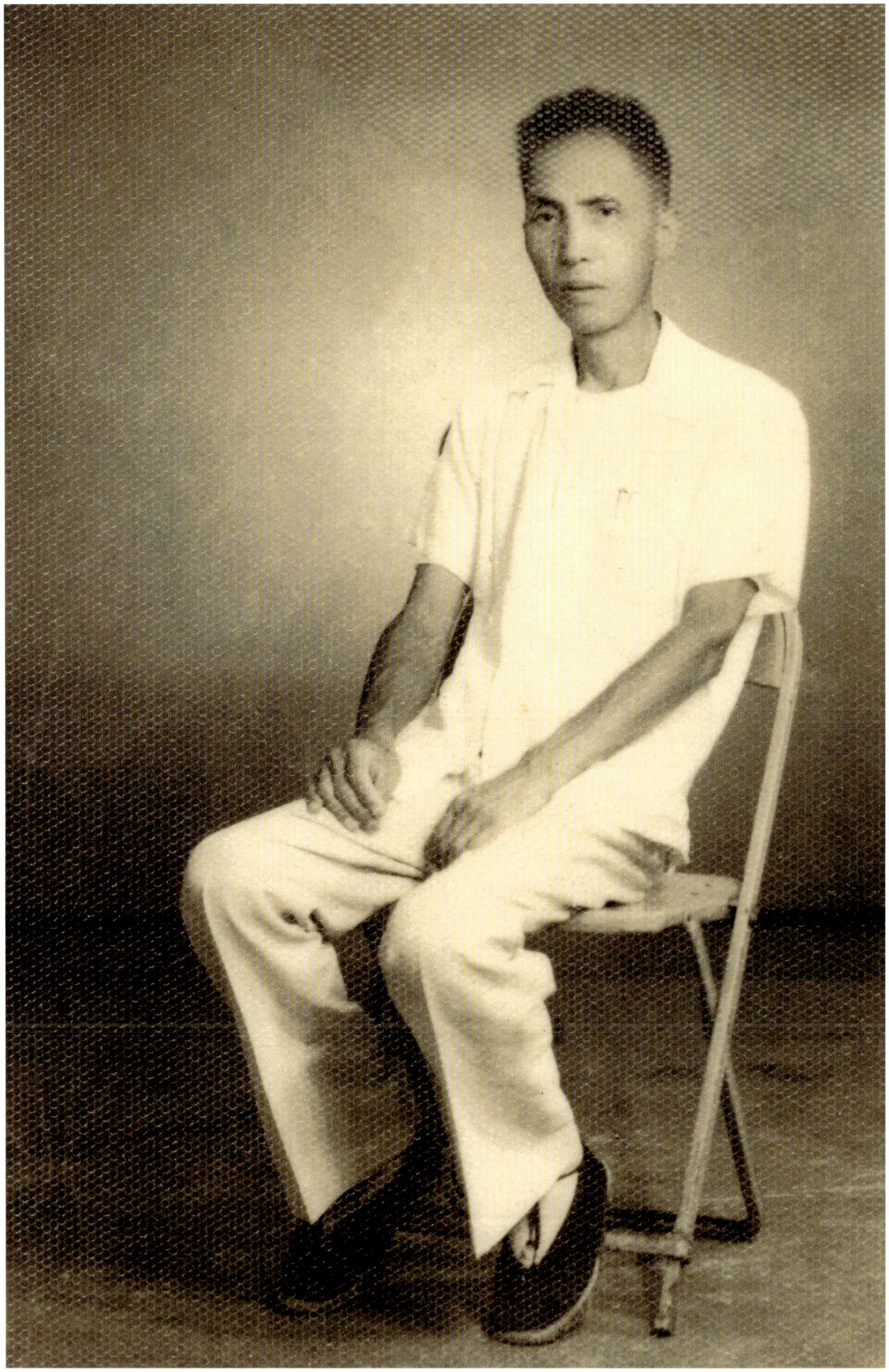

叶聚六像，1961 年 8 月 11 日摄于重庆

“1963 年 5 月儿子君平游南京中山陵”

复旦大学始创于1905年，原名复旦公学，1917年定名为复旦大学，是一所世界知名、国内顶尖的综合性研究型大学。

“给二姐存。复旦校庆60周年留影。平弟赠，1965年8月15日”

“1968年春，余去贵州麻江谷硐卫生院看望季娴，秋回川，此片系回时路经贵阳摄（季娴、小群、鸿儿）
1968年8月10日摄于贵阳”

“儿子君平 1969 年 4 月自上海寄来”

“儿媳陈翘 1969 年 4 月自上海寄来”

1970 年于万县留影

“1971 年女儿季娴一家摄于贵阳”

1972 年 10 月，摄于上海外滩黄浦江畔

叶聚六像，1972 年 10 月摄于复旦大学

叶聚六像，1972 年 10 月摄于上海鲁迅墓前

叶聚六像，1973 年 3 月 13 日摄于上海

“1973年3月13日，儿媳陈翘摄于上海黄浦江堤上”

“朱文宜与朱文嘉 1978 年夏摄于哈尔滨”

叶聚六像，1979 年 1 月 8 日摄于梁平县屏锦镇

京华遗影看当年，
天下兴亡任在肩。
无奈夜行风雨路，
再回头已事如烟。

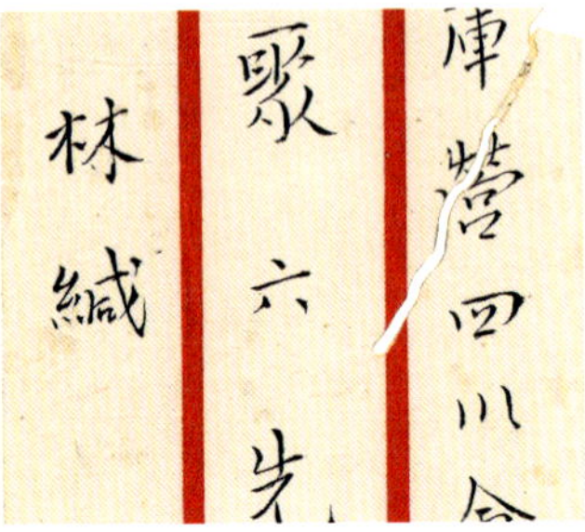
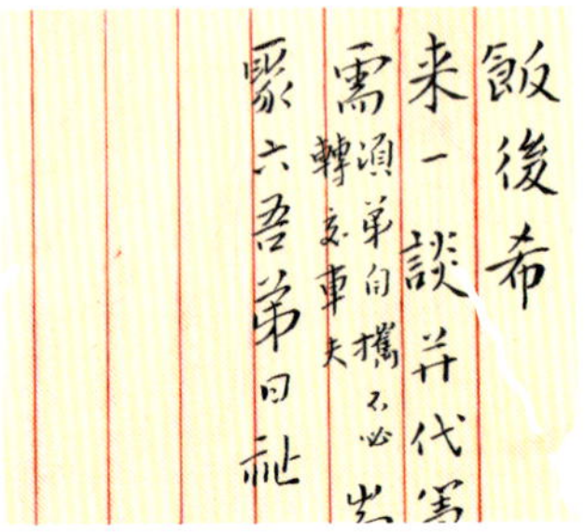

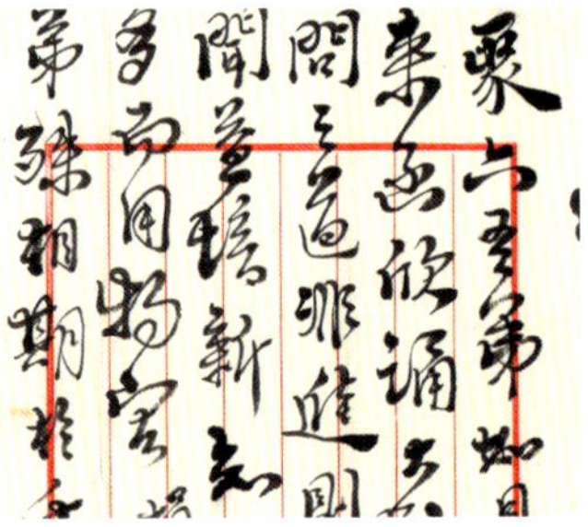
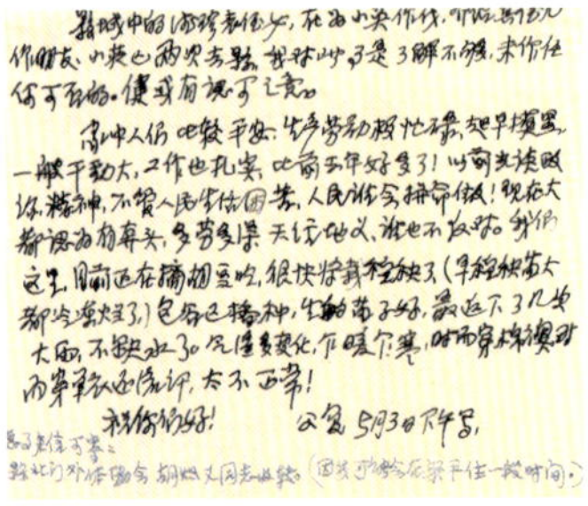

第二辑

书信

（1933—1992）

四川会馆位于储库营胡同17号，东西53米，南北89米。会馆坐北朝南，分为东路和西路二组建筑群，格局颇有特色，规模宏大，工艺材料考究，被认为“在京师会馆中尚属罕见”。叶聚六在京求学期间，曾居于四川会馆。

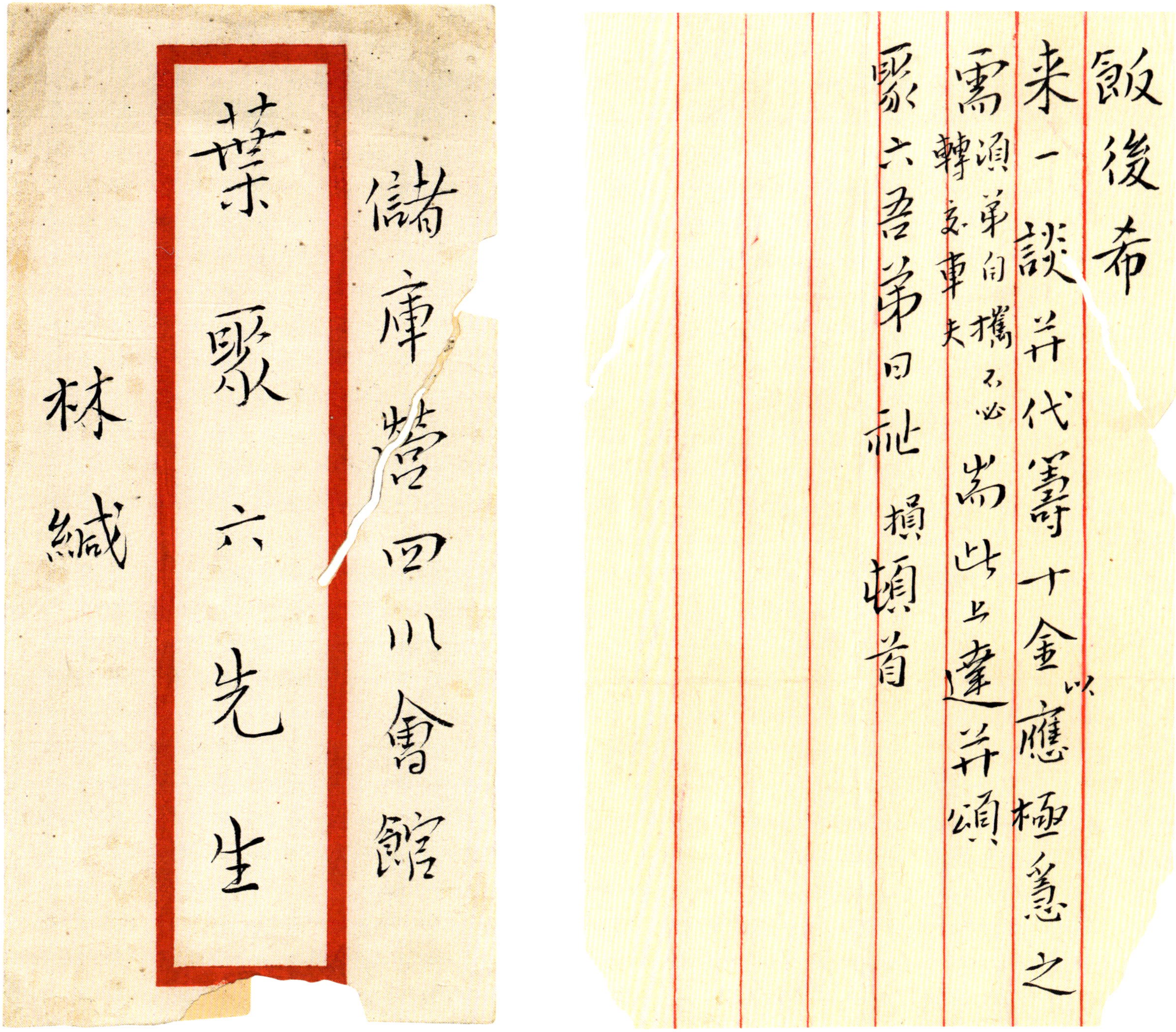

林损给叶聚六的书信

“饭后希来一谈，并代筹十金以应极急之需（须弟自携，不必转交车夫）。专此上达并颂聚六吾弟日祉。损顿首”

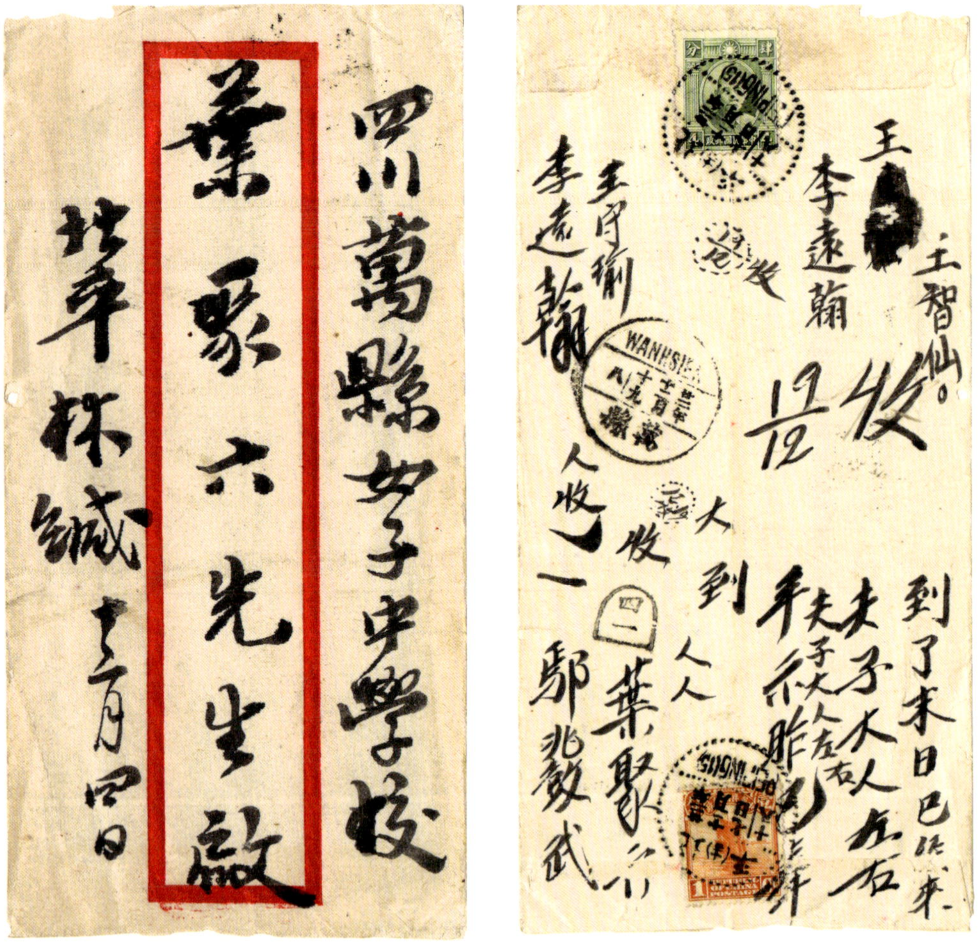

林损给叶聚六的书信

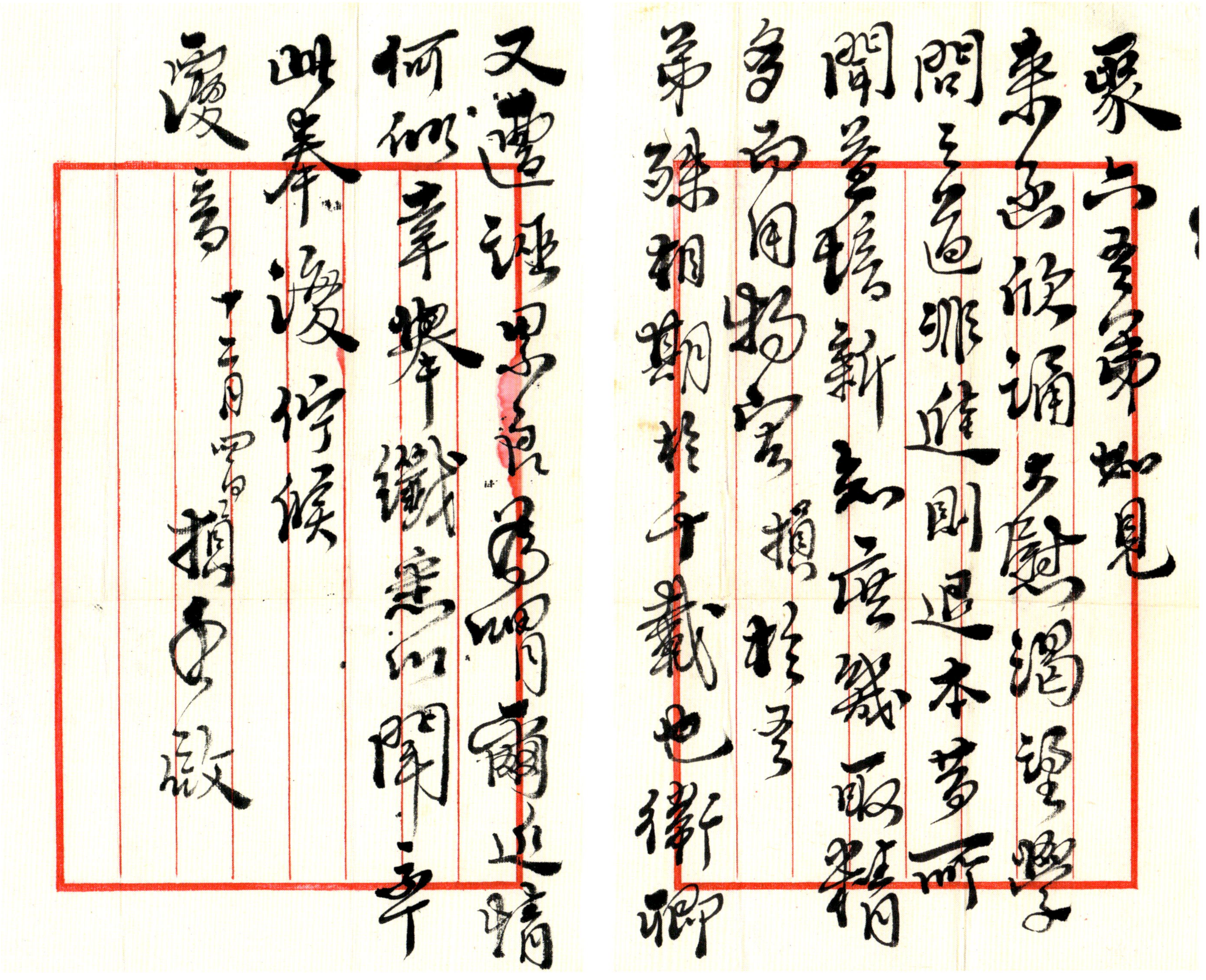

聚六吾弟如見：
來函欣誦，大慰渴望。學
問之道，非進則退，本吾所
聞。[illegible]語新知，廣識取精，
多[illegible]用物[illegible]。損於吾
弟，[illegible]相期於千載也。衛卿
又遭經[illegible][illegible]，爾近情
何似？[illegible][illegible]鐵[illegible][illegible]開平。
此奉復，併候
[illegible]安
十二月四日
損手啟

1933 年 12 月 19 日，林损给在四川省万县女中教书的叶聚六的亲笔书信

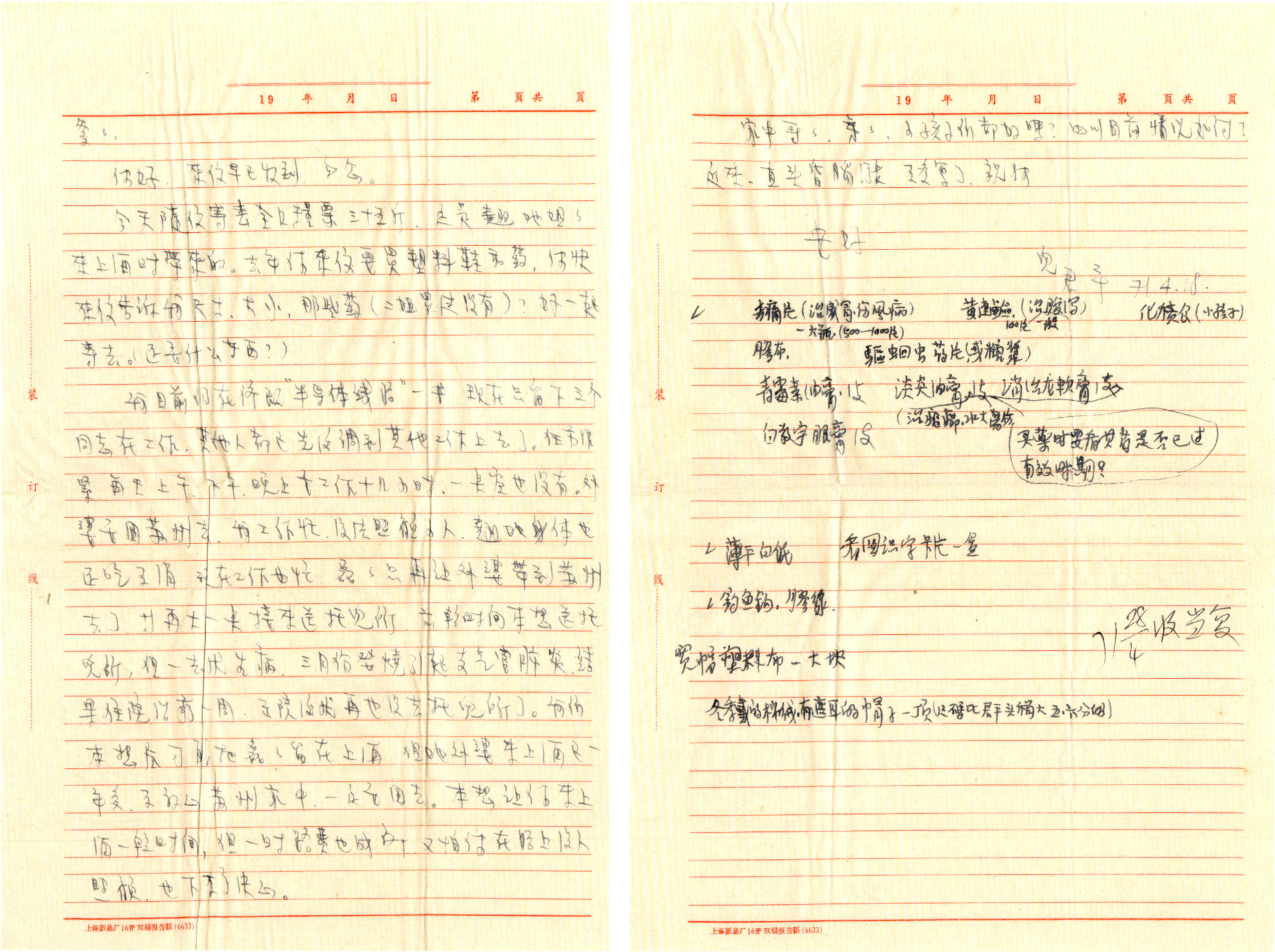
爹爹：

你好。来信早已收到，勿念。

今天随信寄去全国粮票三十五斤。这是素园她们来上海时带来的。去年你来信要买塑料鞋和药，你快来信告诉我尺寸、大小，那些药（二姐是否没有）？好一起寄去。（还要什么东西？）

我目前仍在做"半导体线路"一事。现在只留下三个同志在工作，其他人都已先后调到其他工作上去了。工作很紧，每天上午、下午、晚上工作十几小时，一点空也没有。外婆去年回苏州去，我工作忙，没法照顾小人。素园她身体也还吃不消，她在工作也忙。蕊蕊只有让外婆带到苏州去了。[illegible]大一点，只接来送托儿所。前些时间本想送托儿所，但一去就生病，三月份发烧引起支气管肺炎，结果住院住有一周。出院后就再也没去托儿所了。今年本想[illegible]和蕊蕊留在上海，但她外婆来上海已一年多，又想回苏州家中，一定要回去。本想让你来上海一段时间，但一时路费也成问题，又怕你在路上没人照顾，也下不了决心。

家中哥哥、弟弟、小孩子们都好吗？四川目前情况如何？近来一直头昏脑胀，不多写了。就此

安好

儿 君平 71.4.18.

止痛片（治感冒、伤风病）一大瓶（500—1000片）　黄连素（治腹泻）100片一瓶　化積食（小孩子）

胶布　驱蛔虫药片（或糖浆）

青霉素眼膏1支　[illegible]油膏1支　[illegible]软膏1支（[illegible]）

白[illegible]眼膏1支

买药时要看清楚是否已过有效时期？

薄平白纸　看图识字卡片一盒

钓鱼钩、钓鱼线

买块塑料布一大块

冬季戴的棉绒有遮耳的帽子一顶（[illegible]）

71 28/4 收 当复

1971年4月18日，次子叶君平给叶聚六的家信

爹爹：

你好，来信早已收到，勿念。

今天随信寄去全国粮票三十五斤，这是翘她姐姐来上海时带来的。去年你来信要买塑料鞋和药，你快来信告诉我尺寸、大小，那些药（二姐买过没有？）好一起寄去。（还要什么东西？）

我目前仍在修改"半导体线路"一书，现在只留下三个同志在工作，其他人都已先后调到其他工作上去了。任务很紧，每天上午、下午、晚上干工作十几小时，一点空也没有。外婆要回苏州去，我工作忙，没法照顾小人，翘她身体也还吃不消，现在工作也忙，磊磊只再让外婆带到苏州去了，等再大一点接来送托儿所。前段时间本想送托儿所，但一去就生病，三月份发烧引起支气管肺炎，结果住院治疗一周，出院后就再也没去托儿所了。我们本想尽可能把磊磊留在上海，但她外婆来上海已一年多，不放心苏州家中，一定要回去。本想让你来上海一段时间，但一时路费也成问题，又怕你在路上没人照顾，也下不了决心。

家中哥哥、弟弟、小孩子们都好吗？四川目前情况如何？近来一直头昏脑涨，不多写了，祝你：

安好

儿 君平 71.4.18

（叶聚六手书内容）：
去痛片（治感冒、伤风病）一大瓶（500—1000 片）
黄连碱（治一般腹泻，100 片）
化积食（小孩子）
胶布
驱蛔虫药片（或糖浆）
青霉素油膏 1 支
淡炎油膏（治疮疖、水火烫伤）1 支
消治龙软膏 1 支
白敬宇眼膏 1 支
买药时要看其药是否已过有效时期
薄平白纸 看图识字卡片一盒
钓鱼钩、胶线
宽幅塑料布一大块
冬季戴的棉绒、有遮耳的帽子一顶（尺码比君平头稍大五六分的）
71.4.28 收当复

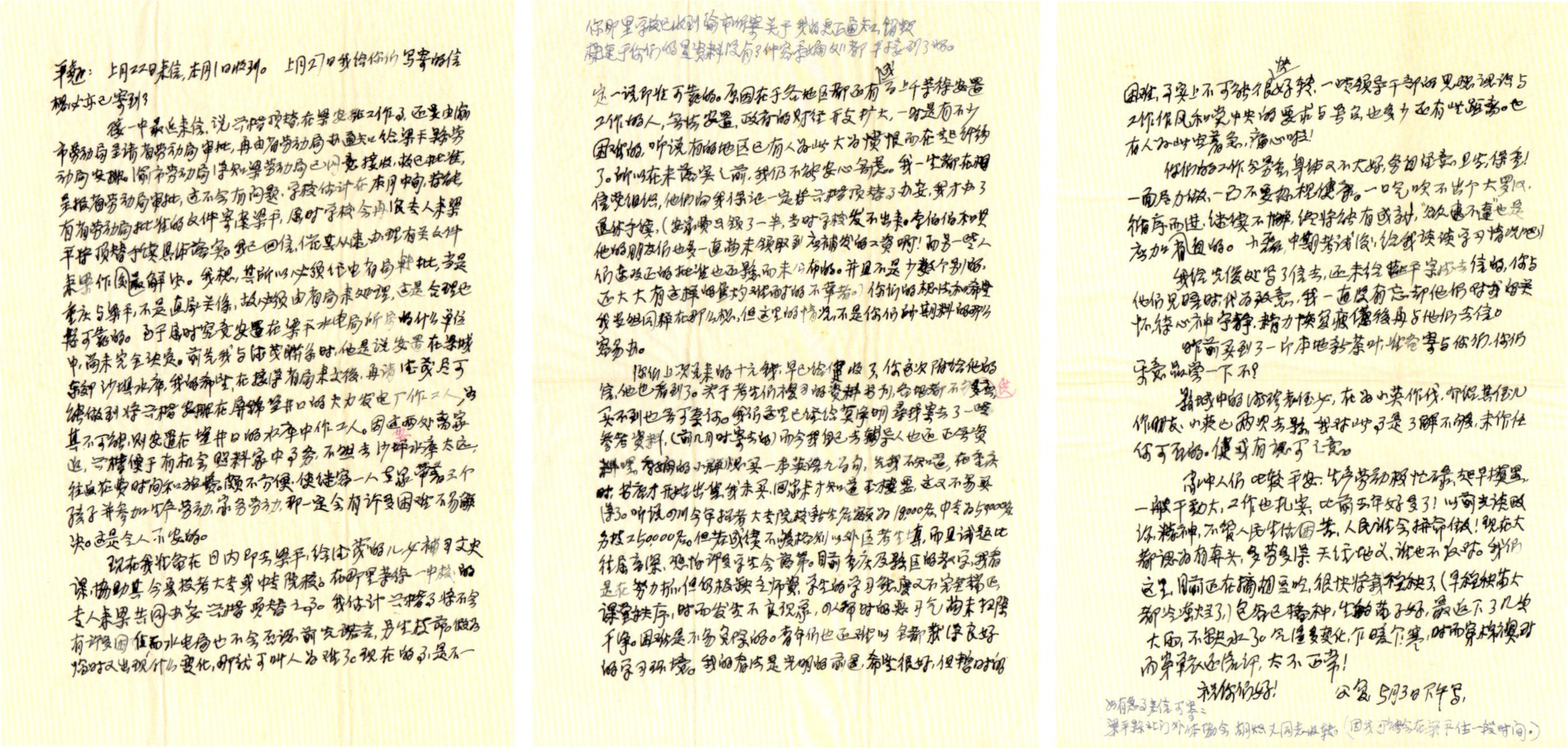

1979 年 5 月 3 日，叶聚六写给次子叶君平的家信

平翘：

上月 22 日来信，本月 1 日收到。上月 27 日我给你们写寄的信想必亦已寄到了。

接一中最近来信，说兴楷顶替，在梁安排工作事，还要由渝市劳动局呈请省劳动局审批，再由省劳动局办通知给梁平县劳动局安排。渝市劳动局得知梁（平）劳动局已同意接受，故已批准，呈报省劳动局审批，这不会有问题。学校估计在本月中旬，将能有省劳动局批准的文件寄达梁平，届时学校会再派专人来梁平将顶替手续具体落实。我已回信，催其从速办理有关文件来梁作最后解决。我想，其所以必须经由省局转批，当是重庆与梁平不是直属关系，故必须由省局来处理，这是合理也较可靠的。至于届时究竟安置在梁平水电局所属的什么单位中，尚未完全决定。前先我与德茂联系时，他是说安置在梁城东郊沙坝水库，我的希望，在接得省局来文后，再与德茂尽可能做到将兴楷安排在屏锦盐井口的火力发电厂作工人，如其不可能，则安置在盐井口的水库中作工人。因这两处离家近，兴楷便于有机会照料家中事务，不然去沙坝水库太远，往返花费时间和旅费，颇不方便。使继容一人在家带着三个孩子并参加生产劳动、家务劳动，那一定会有许多困难不易解决。这是令人不安的。

现在我准备在日内即去梁平，给德茂的儿女补习文史课，协助其今夏投考大专或中专院校。在那里等待一中校的专人来梁共同办妥兴楷顶替之事。我估计兴楷事将不会有许多困难，而水电局也不会否认前先诺言，另生枝节。假如临时又出现什么变化，那就可叫人为难了。现在的事是不一定一说即准可靠的。原因在于各地区都还有成万上千等待安置工作的人，无法安置。政府的财经开支扩大，一时是有不少困难的，听说有的地区已有人为此大为愤恨而在起纠纷了。所以在未落实之前，我仍不能安心无虑。我的一生都在相信党组织，他们向我保证一定将兴楷顶替事办妥，我才办了退休手续（安家费只领了一半，当时学校发不出来。李伯伯和其他的朋友们也多一直尚未领取到应补发的工资啊！而另一些人们连改正的批准也还悬而未公布的。并不是少数个别的，还大大有这样的焦灼难耐的不幸者），你们的想法和希望我当然同样在那么想，但这里的情况不是你们所期料的那么容易办。

你们上次兑来的十元钱，早已给健收了，你这次附给他的信，他也看到了。关于考生们复习的资料书刊，各地都不够供应，买不到也无可奈何。我们这里已经给莫净明寻找寄去了一些参考资料，（前几月时寄去的）而今我自己去辅导人也还正无资料哩。季娴的小群想买一本《英语九百句》，先我不知道，在重庆时，书店才开始出售，我未买，回家来才知道玉楼要，这又不易买得了。听说四川今年招考大专院校新生名额为18000名，中专为50000名，另技工50000名。但若成绩不够格则以外区考生填，而且试题比往届高深，恐怕许多学生会落第。目前重庆及县区的教学，我看是在努力抓，但仍极缺乏师资，学生的学习态度又不完全端正，课堂秩序，时而发生不良现象，四人帮时的恶习气尚未扫除干净。困难是不易免除的。青年们也还难以全都获得良好的学习环境。我的看法是光明的前途，希望很好，但暂时的困难，事实上不可能很快好转，一些领导干部的思想认识与工作作风和党中央的要求与号召，也多少还有些距离。也有人为此空着急，痛心啦！

你们的工作分量重，身体又不大好，务自注意卫生，保重！一面尽力做，一面不要忽视健康。一口气吹不出个大罗汉，循序而进，继续不懈，终将能有成就。“欲速不达”也是应加自省的。小磊，中期考试后，给我谈谈学习情况吧！

我给先俊处写了信去，还未给燕平、宗德去信的，你与他们见晤时，代为致意，我一直没有忘却他们对我的关怀，待心神宁静，精力恢复疲惫后再与他们去信。

昨前买到了一斤本地新茶叶，准备寄与你们，你们乐意品尝一下不？

县城中的德珍表侄女，在为小英作伐，介绍其侄儿作朋友，小英已两次去县，我对此事是了解不够，未作任何可否的。健或有认可之意。

家中人们比较平安，生产劳动极忙碌，起早摸黑，一般干劲大，工作也扎实，比前去年好多了！以前光谈政治、精神，不管人民生活困苦，人民谁会拼命做！现在大都认为有奔头，多劳多得，天经地义，谁也不反对。我们这里，目前正在摘胡豆吃，很快将栽稻秧了（早稻秧苗大都冷冻烂了），包谷已播种，生的苗子好。最近下了几次大雨，不缺水了。气温多变化，乍暖乍寒，时而穿棉袄，时而穿单衣还流汗，太不正常！

祝你们好！

父复　5月3日下午写

你那里学校已收到渝市所寄关于我的更正通知，销毁株连于你们的黑资料没有？仲容季娴处都早接到了的。如有急事来信可寄：梁平县北门外体协会胡炽义同志收转（因我可能会在梁平住一段时间。）

文汇报

WENHUI BAO 1977年12月13日 星期二

全世界会看到，用马克思主义、列宁主义、毛泽东思想武装起来的中国共产党和中国人民，在无产阶级专政下继续革命的征途上，不但善于战胜国内外阶级敌人，保卫无产阶级专政，而且还将善于建设一个具有现代农业、现代工业、现代国防、现代科学技术的伟大的社会主义强国，对人类作出较大的贡献。

华主席在中国共产党第十一次全国代表大会上的政治报告

发扬自力更生艰苦奋斗的革命精神加速发展电子工业努力攀登电子科学技术高峯。

华国锋 一九七七年十一月

华主席对电子工业光辉题词 鼓舞广大职工攀登科技高峰

各地纷纷召开庆祝大会。电子工业战线广大职工激动地表示，一定要乘华主席题词的强劲东风，从好省方面找速度，从科学技术方面找速度，把电子工业搞上去

复旦物理系无线电技术教研组党支部抵制“四人帮”的干扰破坏

鼓励教师为搞好教学科研作出贡献

纪念广州起义五十周年

广州地区工农兵各界代表举行集会

1977年12月13日，《文汇报》头版报道叶君平事迹

“叶君平同志身患严重的多囊肾病，但他带病工作，先后协助校办工厂试制了几台各种型号的晶体管示波器，还协助校外军工厂试制了无线电遥控靶船和飞机螺旋桨动平衡仪，都达到了先进水平。”

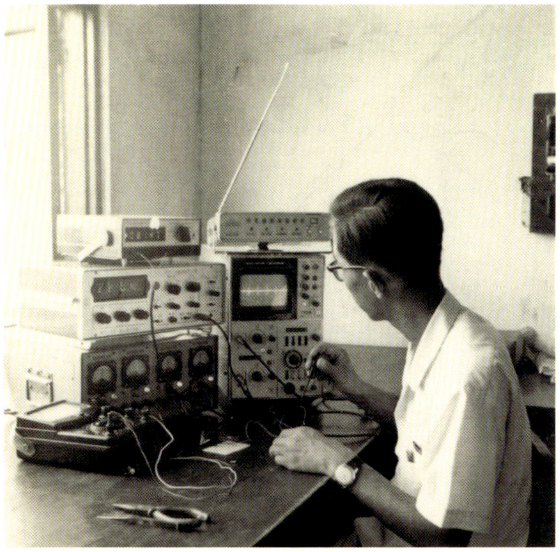

叶君平开展心电遥测研究

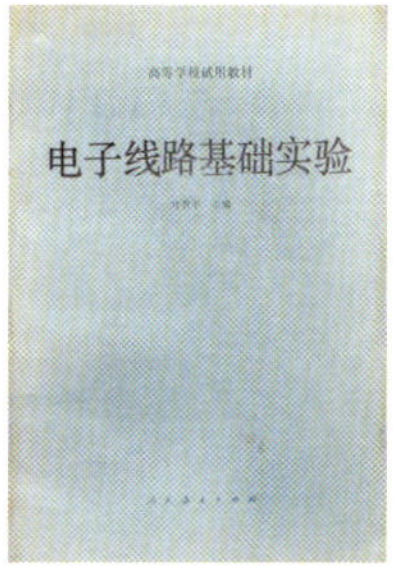

叶君平，叶聚六次子，复旦大学副教授、无线电电子实验室主任。生于1938年6月，1960年毕业于成都电讯工程学院（今电子科技大学），之后一直在复旦大学任教，历任无线电电子实验室副主任、主任等职务，1982年升为副教授。因积劳成疾，1984年5月7日病故。

叶君平长期致力于电子技术教学、研究、应用、产业化。1963年，与同事一起白手起家建成了复旦大学无线电基础实验室。

1972年，与同事一道编写的《半导体线路》一书，为我国电子工业做出贡献。

他亲自设计制作了多种仪器设备，其中“SB-05示波器”为全国大学实验室广泛使用，在叶君平生前即在复旦大学电子工厂生产3500台，为学校创造利润70余万元。

1982年，主编的《电子线路基础实验》作为高等学校试用教材在全国推广。

20世纪80年代初，作为先行者，他开始“心电遥测”研究及设备试制。

其事迹在1977年12月13日《文汇报》头版报道，其科研成果获全国科技大会奖一项、复旦大学科技成果奖三项。

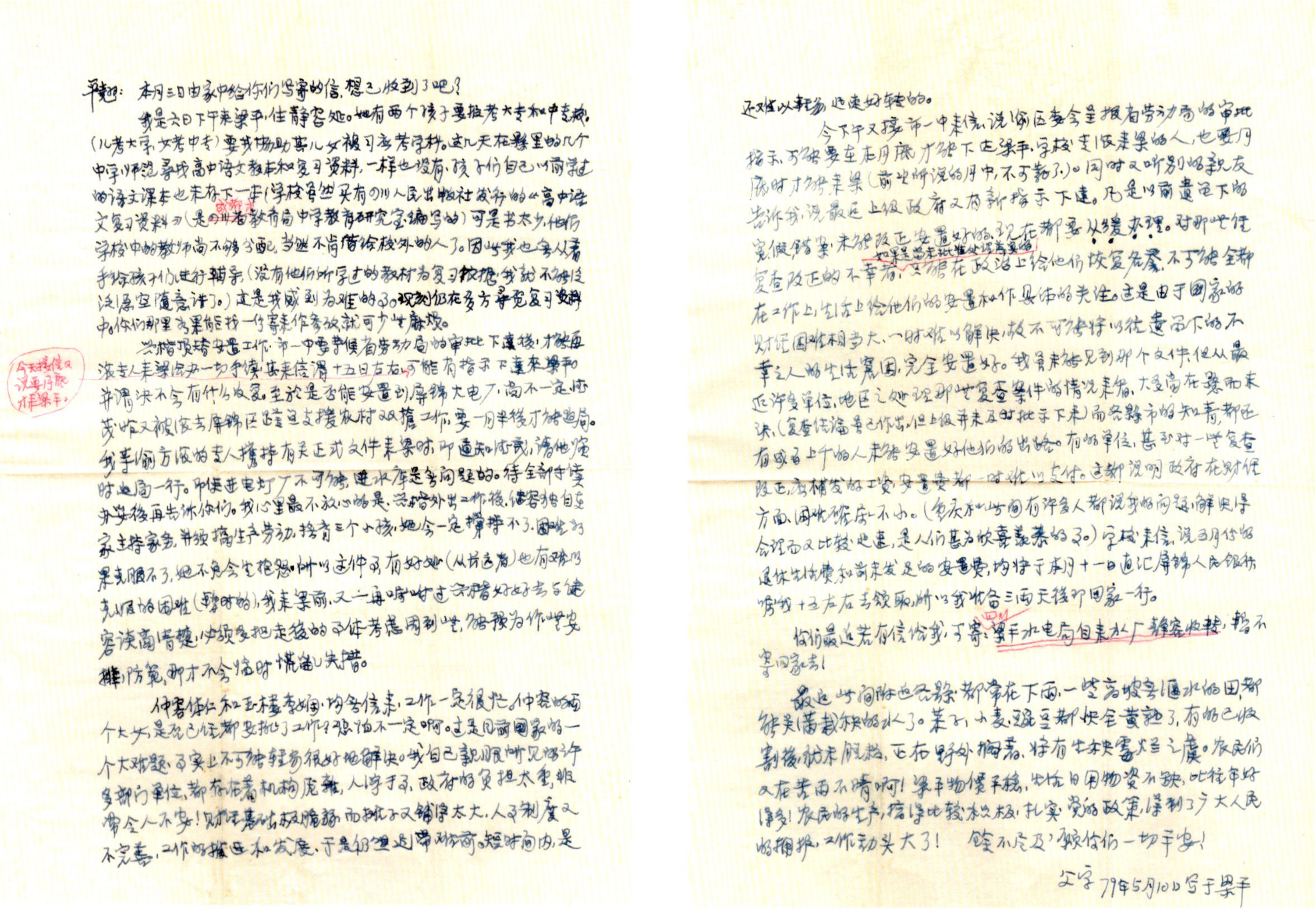

1979年5月10日，叶聚六写给次子君平夫妇的家信

平翘：

本月三日由家中给你们写寄的信，想已收到了吧？

我是六日下午来梁平，住静容处。她有两个孩子，要报考大专和中专校（儿考大学，女考中专），要我协助其儿女复习应考学科。这几天在县里的几个中学师范寻找高中语文教本和复习资料，一样也没有。孩子们自己以前学过的语文课本也未存下一本（学校虽然买有四川人民出版社发行的《高中语文复习资料》，是成都市教育局中学教育研究室编写的），可是书太少，他们学校中的教师尚不够分配，当然不肯借给校外的人了。因此我也无从着手给孩子们进行辅导（没有他们所学过的教材为复习依据，我就不能泛泛凭空随意讲了），这是我感到为难的事。现刻仍在多方寻觅复习资料中。你们那里如果能找一份寄来作参考，就可少些麻烦。

兴楷顶替安排工作，市一中要等候省劳动局的审批下达后，才能再派专人来梁洽办一切手续，其来信谓十五日左右，今天接信又说要月底才来梁平，可能有指示下达来梁平，并谓决不会有什么反复。至于是否能安置到屏锦火电厂，尚不一定。德茂昨又被派去屏锦区蹲点支援农村双抢工作，要一月半后才能返局。我等渝方派的专人携持有关正式文件来梁时，即通知德茂，请他临时返局一行。即使进电灯厂不可能，进水库是无问题的。待全部手续办妥后再告诉你们。我心里最不放心的是，兴楷外出工作后，继容独自在家主持家务，并须搞生产劳动，抚育三个小孩，她一定会撑持不了。困难如果克服不了，她不免会生抱怨。所以这件事，有好处（从长远看）也有难以克服的困难（暂时的）。我来梁前，又一再嘱咐过兴楷好好去与继容谈商清楚，必须多把走后的事体考虑周到些，能预为作些安排、防范，那才不会临时慌乱失措。

仲容体仁和玉楼季娴均无信来，工作一定很忙。仲容的两个大女，是否已经都安排了工作？恐怕不一定啊。这是目前国家的一个大难题，事实上不可能轻易很好地解决。我自己亲眼所见的许多部门单位，都存在着机构庞杂，人浮于事，政府的负担太重，非常令人不安！财经基础极脆弱，而摊子又铺得太大，人事制度又不完善，工作的推进和发展，于是仍然迟滞难前。短时间内，是还难以轻易、迅速好转的。

今下午又接市一中来信，说渝区委会呈报省劳动局的审批指示，可能要在本月底才能下达梁平，学校专派来梁的人，也要月底时才能来梁（前次所说的月中，不可能了）。同时又听别的亲友告诉我，说最近上级政府又有新指示下达。凡是以前遗留下的冤、假、错案，未能改正安置好的，现在都要从缓办理。对那些经复查改正的不幸者，如果是尚未批准处理落实的，只能在政治上给他们恢复名誉，不可能全部在工作上、生活上给他们的安置和作具体的关注。这是由于国家的财经困难相当大，一时难以解决，故不可能将以往遗留下的不幸之人的生活窘困完全安置好。我虽未能见到那个文件，但从最近许多单位、地区之处理那些复查案件的情况来看，大多尚在悬而未决（复查结论虽已作出，但上级并未及时批示下来）。而各县市的知青，都还有成百上千的人未能安置好他们的出路。有的单位，甚至对一些复查改正，应补发的工资、安置费都一时难以支付。这都说明政府在财经方面困难确属不小（重庆和此间许多人都说我的问题解决得合理而又比较迅速，是人们甚为欣喜羡慕的事）。学校来信，说五月份的退休生活费和前未发足的安置费，将于本月十一日直汇屏锦人民银行，嘱我十五日左右去领取，所以我准备三两天后即回家一行。

你们最近若有信给我，可寄：四川梁平水电局自来水厂静容收转，暂不寄回家去！

最近此间附近各县都常在下雨，一些高坡无堰水的田，都能关满栽秧的水了。菜子、小麦、豌豆都快全黄熟了，有的已收割后犹未脱粒，正在野外搁着，将有生秧霉烂之虞。农民们又在苦雨不晴啊！梁平物价平稳，生活日用物资不缺，比往年好得多！农民的生产，搞得比较积极、扎实，党的政策得到了广大人民的拥护，工作劲头大了！余不尽及，愿你们一切平安！

父字，1979 年 5 月 10 日写于梁平

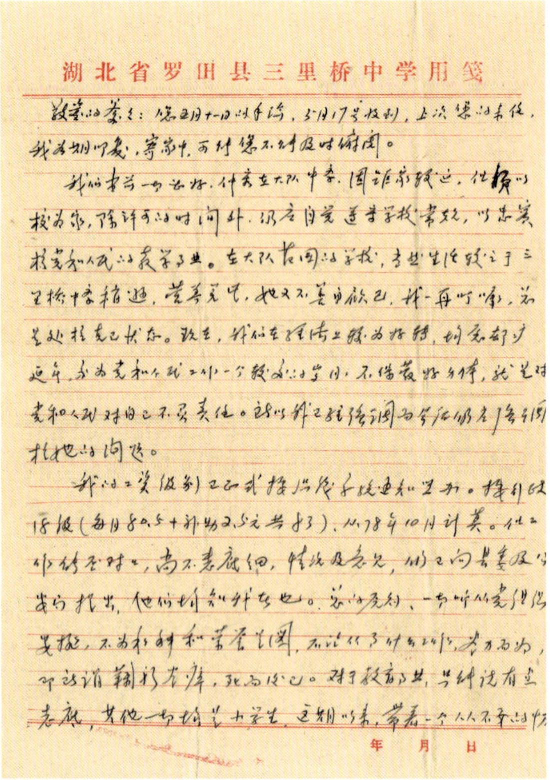
湖北省罗田县三里桥中学用笺

年 月 日

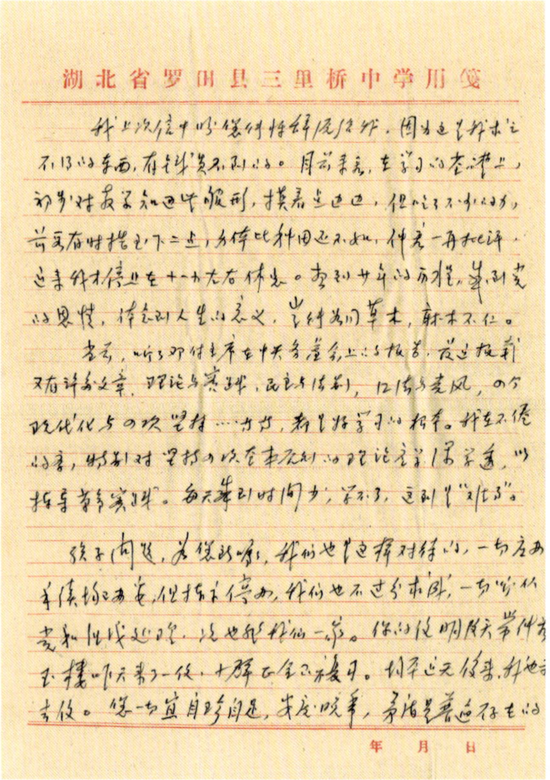
湖北省罗田县三里桥中学用笺

年 月 日

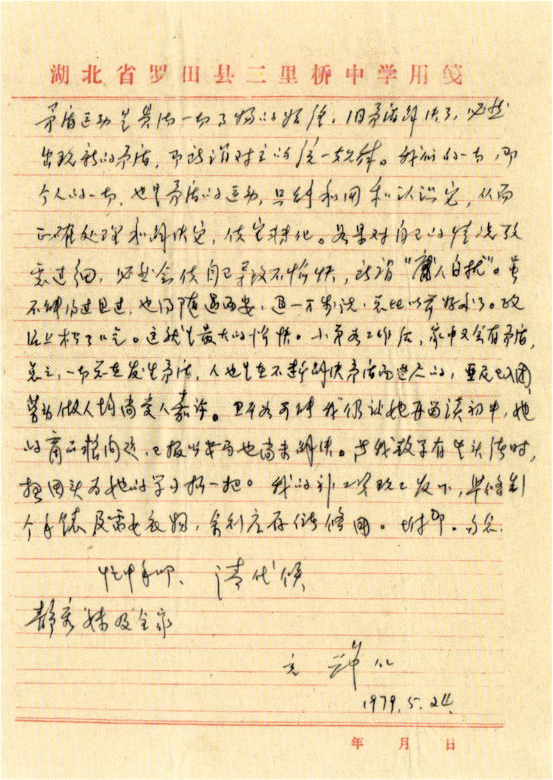
湖北省罗田县三里桥中学用笺

年 月 日

1979 年 6 月 3 日，女婿余体仁写给叶聚六的家信

敬爱的爹爹：

您五月十一日的手谕，5 月 17 号收到，上次您的来信，我如期叩复，寄家中，可能您不能及时俯阅。

我们当前一切安好，仲容在大队中学，固距家较近，但须以校为家，除许可的时间外，仍应自觉遵守学校常规，以忠实于党和人民的教学事业。在大队范围的学校，当然生活较之于三里桥中学稍逊，营养差些，她又不善自顾己，我一再叮嘱，总是处于克己状态。现在，我们在经济上较为好转，均愿却病延年，我为党和人民工作一个较长久的岁月，不保护好身体，就是对党和人民对自己不负责任。所以我已经强调而今后仍应强调于她的问题。

我的工资级别已正式按组织系统通知照办。按行政18级（每月80.5+补助2.5元共83），从78年10月计算。但工作能否对口，尚不悉底细，情况及意见，仍已向县委及公安局提出，他们均知我者也。总的原则，一切听从党组织安排，不为私利和荣誉是图，不论从事什么工作，尽力而为，即所谓鞠躬尽瘁，死而后已。对于教育事业，只能说有点老底，其他一切均是小学生，这期以来，带着一个人人不要的千万……

我上次信中盼您能将《辞源》给我，因为这是我求之不及的东西，有钱买不到的。目前来看，在学习的基础上，初步对教学知道些雏形，摸着点边边，但吃了不少的力，前段有时挨至下二点，身体比种田还不如，仲容一再批评，近来我才停止在十一点左右休息。想到少年的历程，感到党的恩情，体念到人生的意义，岂能如同草木，麻木不仁。

当前，听了邓付（副）主席在中央务虚会上的报告，最近报载又有许多文章，理论与实践，民主与法制，国法与党风，四个现代化与四项坚持……等等，都是好学习的根本。我在不倦的学，特别是对坚持四项基本原则的理论应学深学透，以指导革命实践。每天感到时间少，学不了，这倒是"难事"。

孩子问题，如您所嘱，我们也是这样对待的，一切应办手续均已办安，但指示停办，我们也不过分求成，一切听从党和组织处理，况也就我们一家。你的信明后天带仲容，玉楼昨天来了一信，小群正全面复习。均平近无信来，我也未去信。您一切宜自珍自足，安度晚年，矛盾是普遍存在的，矛盾运动是贯彻一切事物的始终，旧矛盾解决了，必然出现新的矛盾，即所谓对立的统一规律。我们的一切，即个人的一切，也是矛盾的运动，只能利用和认识它，从而正确处理和解决它，使它转化。如果对自己的情况考虑过细，必然会使自己导致不愉快，所谓"庸人自扰"。虽不能得过且过，也得随遇而安，退一万步说，总比以前好多了。政治上松了口气。这就是最大的愉快。小弟如工作后，家中又会有矛盾，总之，一切总在发生矛盾，人也是在不断解决矛盾而进展的，亚尼已入团，劳动做人均尚受人嘉许。卫平如可能，我仍让她再留读初中，她的商品粮问题，已报公安局也尚未解决。等我教学有些头绪时，想回头为她的学习抓一把。我的补工资现已发下，准备制个手表及需要衣物，余则应存储备用。附即，勿念。

忙中手叩，请代候

静容妹及全家！

儿 体仁

1979.5.24

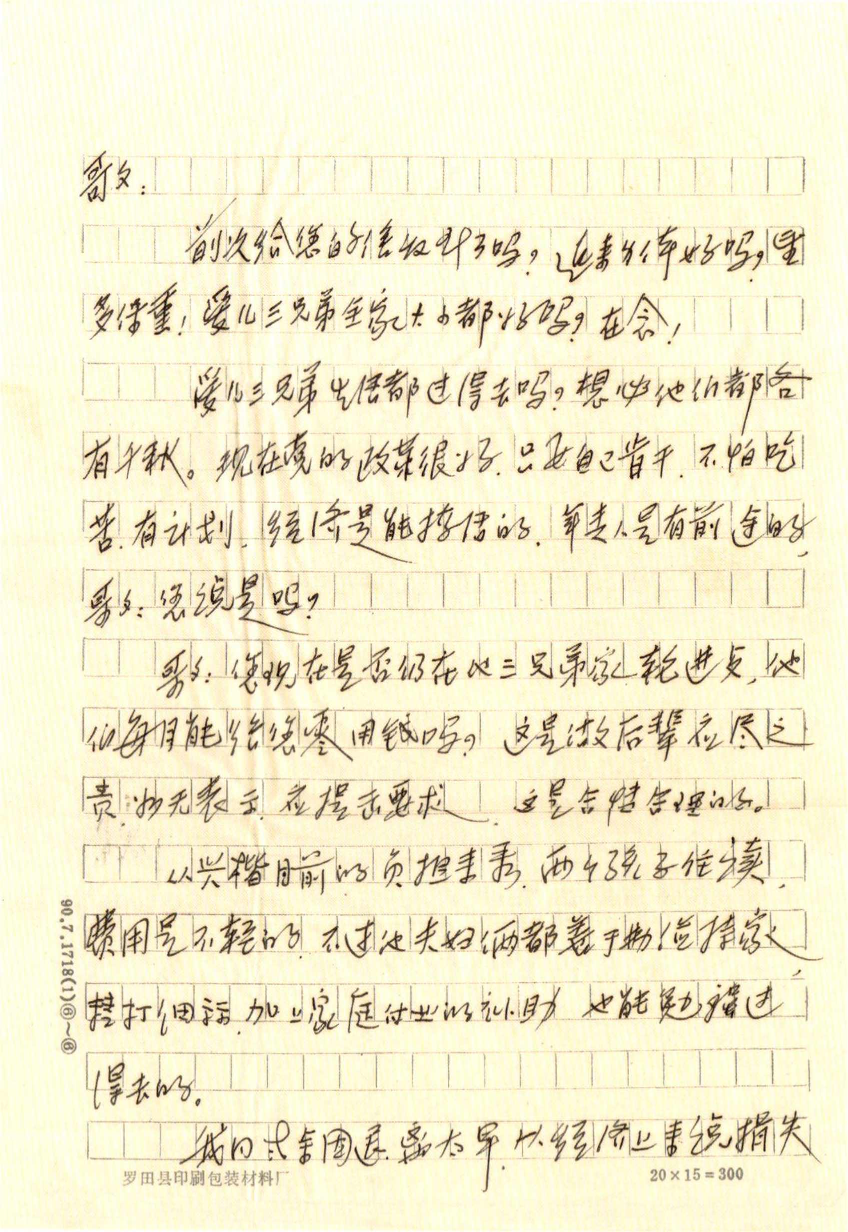

哥哥：

前次给您的信收到了吗？近来身体好吗？望多保重！爱儿三兄弟全家大小都好吗？在念！

爱儿三兄弟生活都过得去吗？想必他们都各有千秋。现在党的政策很好，只要自己肯干，不怕吃苦，有计划，经济是能搞活的，年青人是有前途的，哥哥：您说是吗？

哥哥：您现在是否仍在他三兄弟家轮住？他们每月能给您零用钱吗？这是做后辈应尽之责，如无表示，应提出要求，这是合情合理的。

从兴楷目前的负担来看，两个孩子读书费用是不轻的，不过他夫妇俩都善于勤俭持家，精打细算，加上家庭副业的补助，也能勉强过得去的。

我们出售国库券太早，从经济上来说损失

罗田县印刷包装材料厂 20×15=300

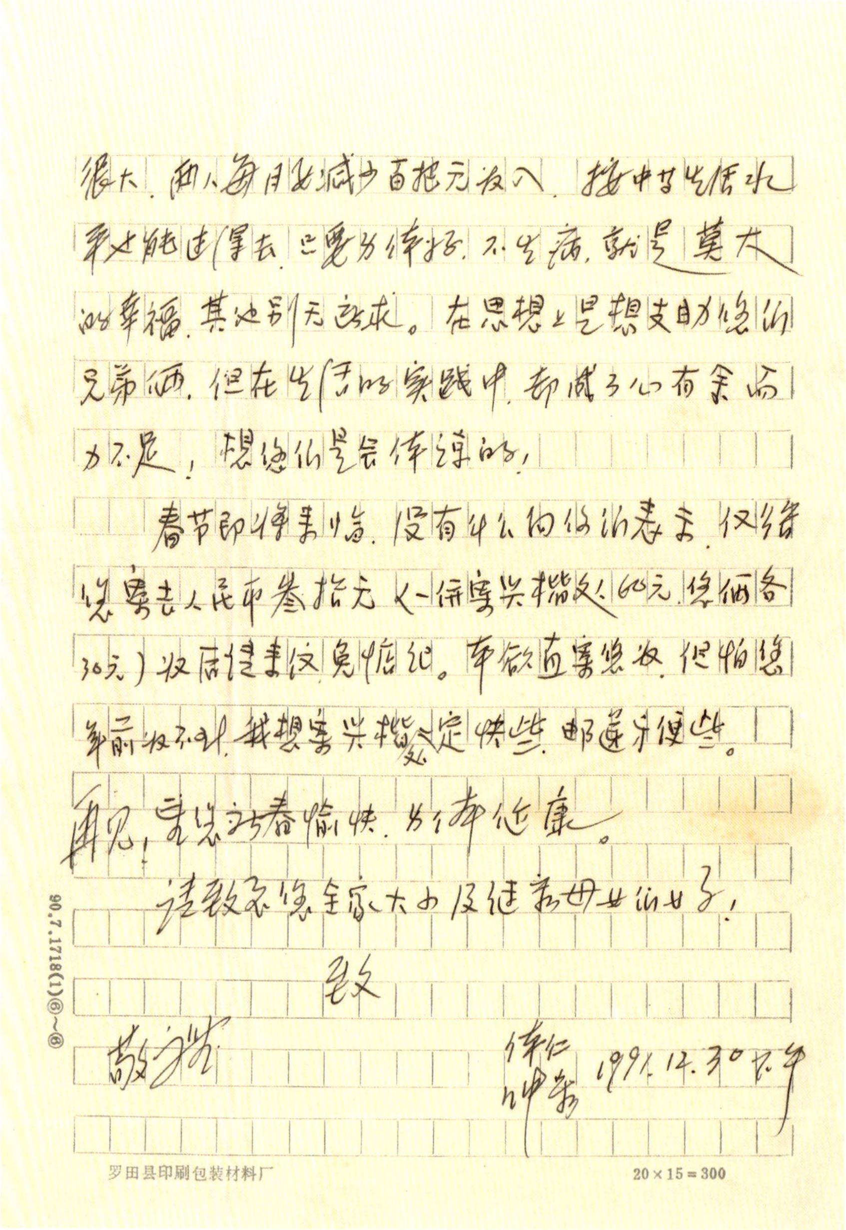

很大，两人每月要减少百把元收入，按中等生活水平也能过得去，只要身体好，不生病，就是莫大的幸福，其他别无所求。在思想上是想支助您们兄弟俩，但在生活的实践中，都感到心有余而力不足，想您们是会体谅的！

春节即将来临，没有什么向你们表示，仅给您寄去人民币叁拾元（一併寄兴楷处60元，您俩各30元）收后请来信以免惦记。本欲直寄您收，但怕您年前收不到，我想寄兴楷处定快些，邮递方便些。

再见！祝您新春愉快，身体健康。

请致意您全家大小及健嫂母女们好！

致

敬礼

体仁
仲容 1991.12.30 下午

罗田县印刷包装材料厂 20×15=300

1992 年 3 月 16 日，女婿体仁、女儿仲容写给大哥叶健的家信

哥哥：

前次给您的信件收到了吗？近来身体好吗？要多保重！爱儿三兄弟全家大小都好吗？在念！

爱儿三兄弟生活都过得去吗？想必他们都各有千秋。现在党的政策很好，只要自己肯干，不怕吃苦，有计划，经济是能搞活的，年青人是有前途的。哥哥：您说是吗？

哥哥：您现在是否仍在他三兄弟家轮进餐，他们每月能给您零用钱吗？这是做后辈应尽之责，如无表示，应提出要求，这是合情合理的。

从兴楷目前的负担来看，两个孩子住读，费用是不轻的。不过他夫妇俩都善于勤俭持家、精打细算，加上家庭付（副）业的补助，也能勉强过得去的。

我同老余因退、离太早，从经济上来说损失很大，两人每月要减少百把元收入，按中等生活水平也能过得去。只要身体好，不生病，就是莫大的幸福，其他别无所求。在思想上是想支助您们兄弟俩，但在生活的实践中，却成了心有余而力不足！想您们是会体谅的！

春节即将来临，没有什么向你们表示。仅给您寄去人民币叁拾元（一并寄兴楷处60元，您俩各30元），收后请来信，免惦记。本欲直寄您收，但怕您年前收不到，我想寄兴楷处一定快些，邮递方便些。再见！望您新春愉快，身体健康。

请致意您全家大小及继容母女们好！

致

敬礼

体仁 仲容

1991.12.30 下午

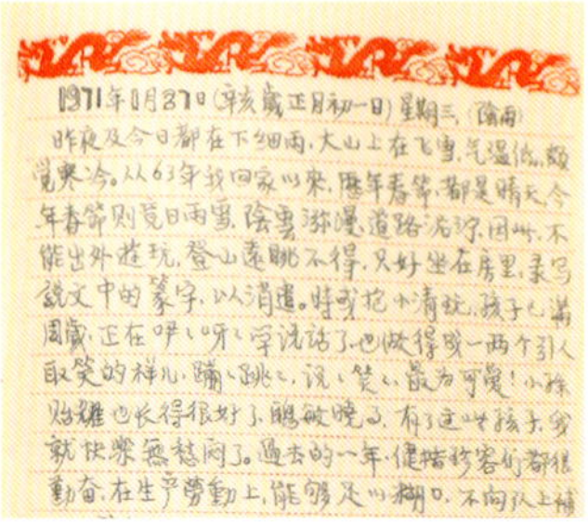
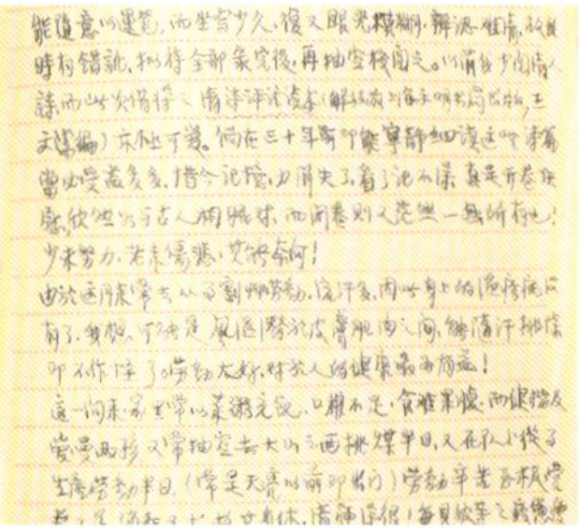

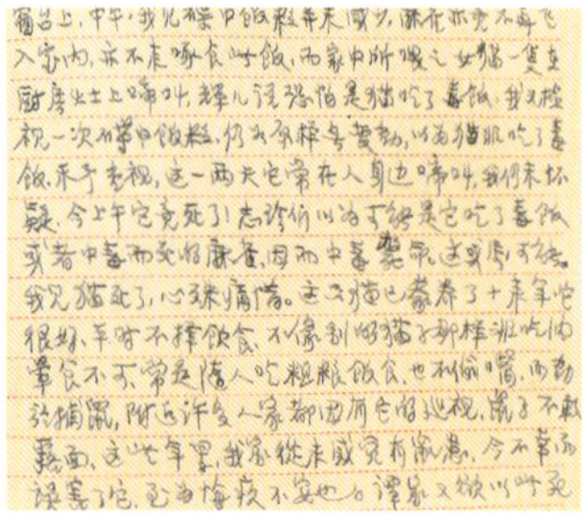

第三辑

日记

（1970—1974）

1963 年，叶聚六退职回乡，做了一名割草牧牛的农夫。回乡后的叶老保留了读书写日记的习惯，白天他割草放牛、照顾孙辈，晚上就着青灯读书，并将所思所想及农事、家事、国事通过日记记录下来，以此抒发自己晚年身处回龙老家时的悲欢哀乐。以下摘抄的是叶聚六 1970 年至 1974 年部分日记内容。

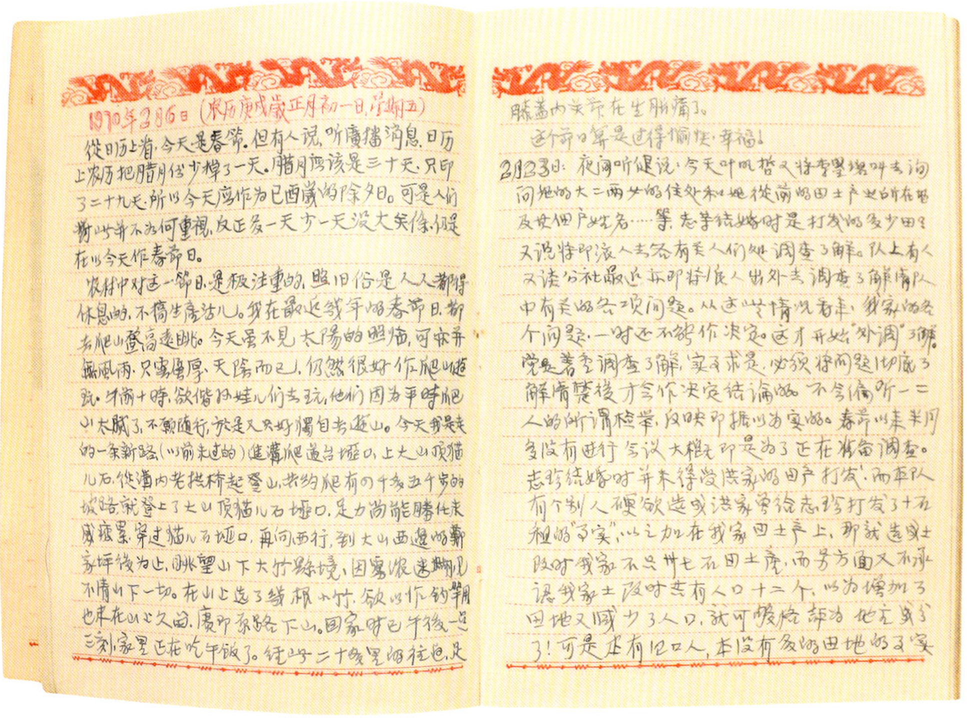

1970年2月6日（农历庚戌年正月初一，星期五）

从日历上看，今天是春节。但有人说，听广播消息，日历上农历把腊月份少掉了一天。腊月应该是三十天，只印了二十九天，所以今天应作为己酉岁的除夕日。可是人们对此并不如何重视，反正多一天少一天没大关系，仍是在以今天作春节日。

农村中对这一节日，是极注重的，照旧俗是人人都得休息的，不搞生产活儿。我在最近几年的春节日，都去爬山登高远眺。今天虽不见太阳的照临，可亦并无风雨，只云层厚，天阴而已，仍然很好作爬山游玩。午前十时，欲偕孙娃儿们去玩，他们因为平时爬山太腻了，不愿随行，于是又只好独自去游山。今天我是走的一条新路（以前未过的）进沟爬道台垭口，上大山顶猫儿石，从沟内老拱桥起登山，共约爬有四千多五千步的坡路，就登上了大山顶猫儿石垭口，足力尚能胜任，未感疲累，穿过猫儿石垭口，再向西行，到大山西边的郑家坪后为止，眺望山下大竹县境，因雾浓迷糊，见不清山下一切。在山上选了几根小竹，欲以作钓竿用。也未在山上久留，赓即原路下山。回家时已午后一点三刻，家里正在吃午饭了。经此二十多里的往返，足膝盖内关节在生胀痛了。

这个节日算是过得愉快幸福！

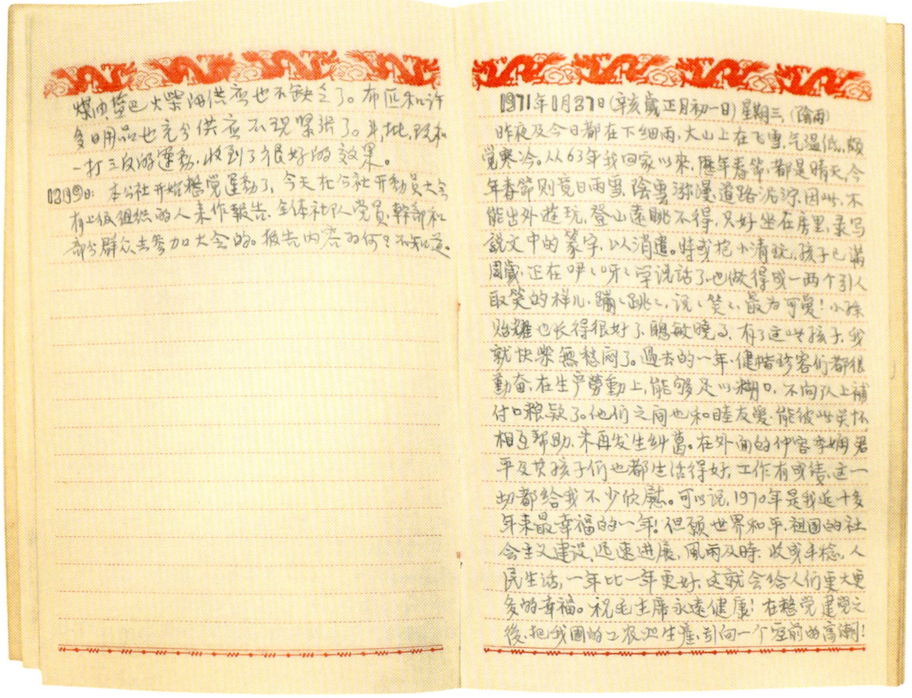
煤油、盐巴、火柴油供应也不缺乏了。布匹和许多日用品也充分供应，不现紧张了。斗、批、改和一打三反的运动，收到了很好的效果。
12月29日：本公社开始整党运动了，今天在公社开动员大会，有上级组织的人来作报告。全体社队党员、干部和部分群众去参加大会的。报告内容如何？不知道。

1971年1月27日（辛亥岁正月初一日）星期三　阴雨

昨夜及今日都在下细雨，大山上在飞雪，气温低，颇觉寒冷。从63年（1963）我回家以来，历年春节，都是晴天，今年春节则竟日雨雪，阴云弥漫，道路泥泞，因此，不能出外游玩，登山远眺不得，只好坐在房里，录写《说文》中的篆字，以消遣。时或抱小清玩。孩子已满周岁，正在咿咿呀呀学说话了，也做得成一两个引人取笑的样儿，蹦蹦跳跳，说说笑笑，最为可爱！小孙贻耀也长得很好了，聪敏晓事，有了这些孩子，我就快乐无愁闷了。过去的一年，健楷珍容们都很勤奋，在生产劳动上，能够足以糊口，不向队上补付口粮款了。他们之间也和睦友爱，能彼此关怀，相互帮助，未再发生纠葛。在外面的仲容季娴君平及其孩子们也都生活得好，工作有成绩，这一切都给我不少欣慰。可以说，1970年是我近十多年来最幸福的一年！但愿世界和平，祖国的社会主义建设，迅速进展，风雨及时，收成丰稔，人民生活，一年比一年更好，这就会给人们更大更多的幸福。祝毛主席永远健康！在整党建党之后，把我国的工农业生产，引向一个空前的高潮！

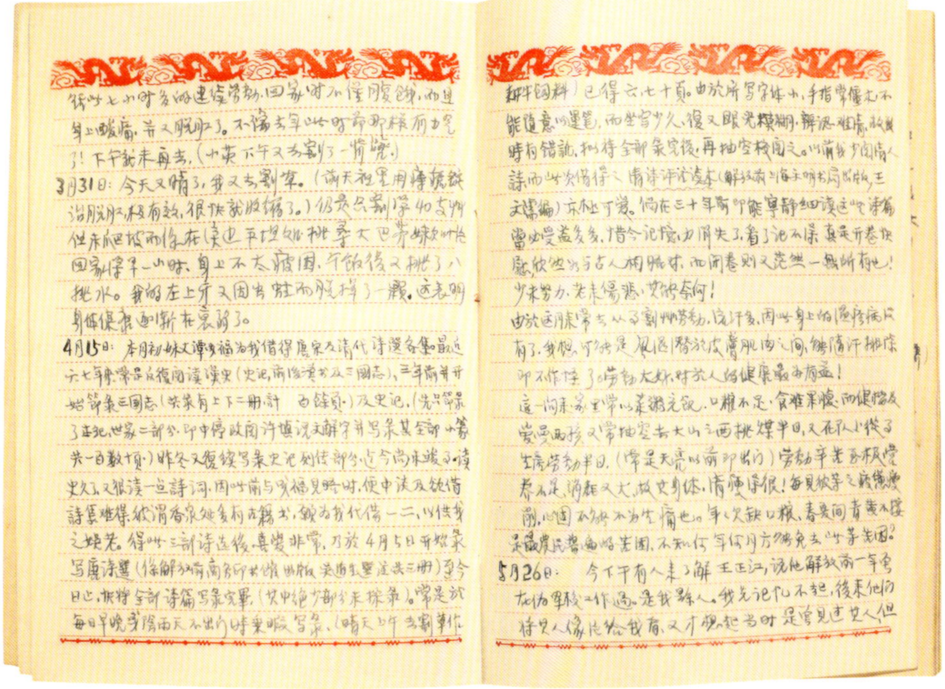

1971 年 4 月 15 日

本月初妹丈谭成福为我借得唐宋及清代诗选各集。最近六七年来常是反复阅读汉史(《史记》、前后《汉书》及《三国志》)，三年前并开始节录《三国志》(共录有上下二册，计□百余页)及《史记》，(先只节录了本纪、世家二部分，即中停改阅许慎《说文解字》并写录其全部小篆共一百数十页)。昨冬又复续写录《史记》列传部分，迄今尚未竣事。读史久了，又很读一点诗词。因此前与成福见晤时，便中谈及欲借诗集难得，彼谓香泉处多有古籍书，愿为我代借一二，以供我之娱老。得此三部诗选后，喜爱非常，乃于 4 月 5 日开始录写唐诗选(系解放前商务印书馆出版吴遁生选注共三册)，至今日止，快将全部诗篇写录完毕(其中绝少部分未採录)。常是于每日早晚或阴雨天不出门时乘暇写录(晴天上午去割草作耕牛饲料)，已得六七十页。由于所写字体小，手指常僵木，不能随意以运笔，而坐写少久，复又眼光模糊，辨认难清，故致时有错讹，拟待全部录完后，再抽空校阅之。以前我少阅清人诗，而此次借得之，《清诗评注读本》(解放前上海文明书局出版，王文濡编)亦极可爱。倘在三十年前即能宁静细读这些诗篇当必受益多多。惜今记忆力消失了，看了记不得，真是开卷快慰，欣然如与古人相晤对，而闭卷则又茫然一无所有也！少未努力，老来伤悲，其能奈何！

由于这月来常去从事割草劳动，流汗多，因此身上的湿疹病没有了，我想可能是风湿潜于皮肤肌肉之间，能随汗排除即不作怪了。劳动太好，对于人的健康最为有益！

这一向来家里常以菜粥充饥，口粮不足，食难果腹，而健楷及爱曼两孩又常抽空去大山之西挑煤半日，又在队上从事生产劳动半日(常是天亮以前即出门)，劳动辛苦至极，营养不足，消耗又大，故其身体清瘦得很！每见彼等之疲惫瘦削，心固不能不为生痛也。年年欠缺口粮，春夏间青黄不接，是农民普遍的苦困，不知何年何月方能免去此等苦困？

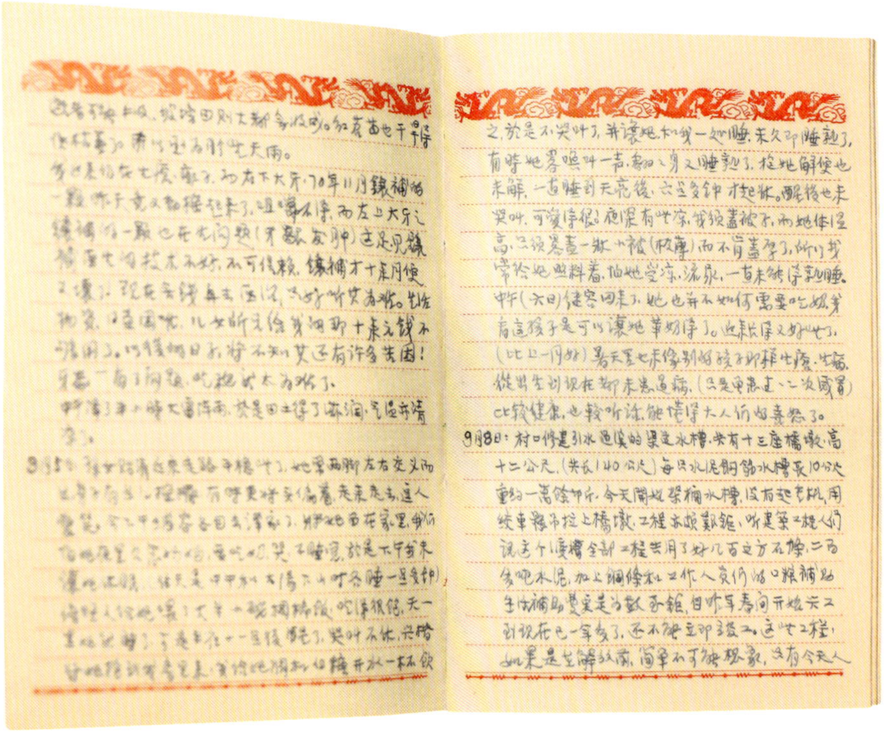

1971 年 9 月 5 日

孙女贻清近来走路平稳些了，她常两脚左右交叉而出，身子有点儿摇晃，有时更将头偏着，走来走去，逗人爱笑。今下午继容各自去谭家了，将她留在家里，我们怕她夜里久念妈妈，要吃奶，哭，不睡觉，于是下午我未让她休眠（往天是中午和太阳下山时各睡一点多钟），傍晚又给她喂了大半小碗稠稀饭，吃得很饱，天一黑她就睡了，可是半夜十一点后醒了，哭叫不休，兴楷将她抱到我房里来，我给她调和白糖开水一杯饮之，于是不哭叫了，并让她和我一处睡，未久即睡熟了，有时她略唤叫一声，翻翻身又睡熟了，抱她解便也未解，一直睡到天亮后，六点多钟才起床。醒后也未哭叫，可爱得很！夜深有些凉，我须盖被子，而她体温高，只须略盖一床小被（极薄），而不肯盖厚了，所以我常给她照料着，怕她受凉，流尿，一直未能得熟睡。中午（六日）继容回来了，她也并不如何需要吃奶，我看这孩子是可以让她革奶得了。近来长得又好些了，（比上一月好），暑天里也未像别的孩子那样生疮，生病，从出生到现在都未患过病，（只是曾患过一二次感冒）比较健康，也较听话，能懂得大人们的喜怒了。

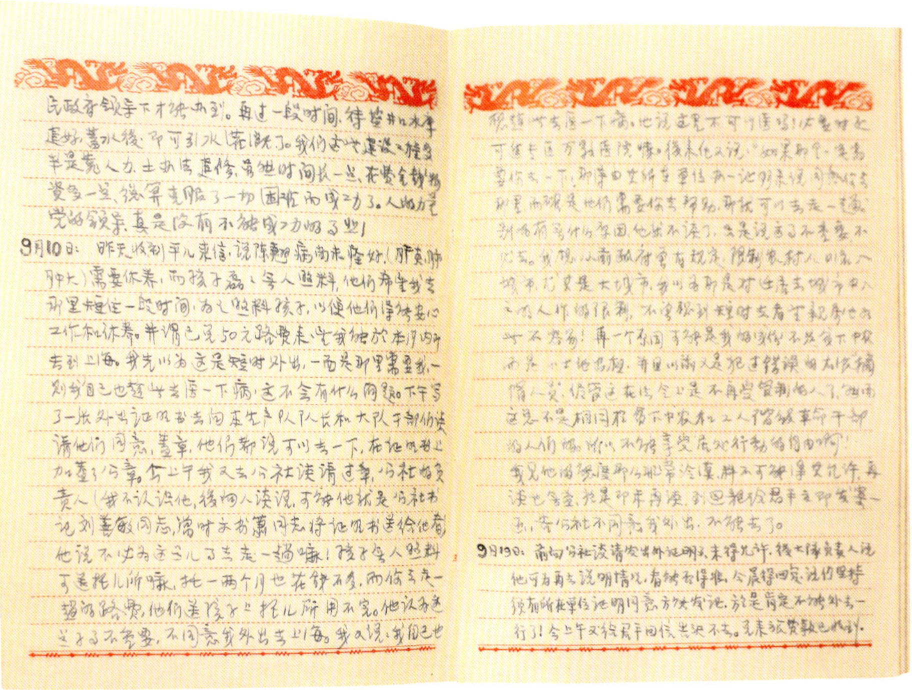

1971 年 9 月 8 日

村口修建引水过溪的渠道水槽，共有十三座桥墩，高十二公尺（共长 140 公尺），每只水泥钢筋水槽长 10 公尺，重约一万余市斤，今天开始架搁水槽，没有起重机，用绞车绳吊拉上桥墩，工程亦颇艰巨。听建筑工程人们说，这个渡槽全部工程共用了好几百立方石条，二百多吨水泥，加上钢条和工作人员们的口粮补助生活补助费更是为数至巨，自昨年春间开始兴工到现在已一年多了，还不能立即竣工。这些工程，如果是在解放前，简单不可能想象，只有今天人民政府领导下才能办到。再过一段时间，待盐井口水库建好，蓄水后，即可引水灌溉了。我们这些建设工程多半是靠人力、土办法建修，虽然时间长一点，花费金钱物资多一点，总算克服了一切困难而成功了。人的力量，党的领导，真是没有不能成功的事业！

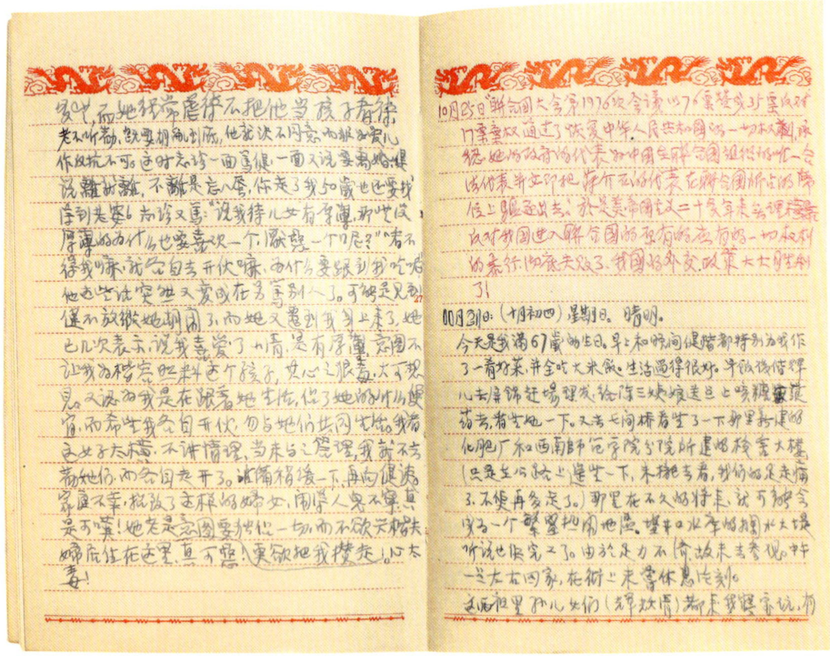
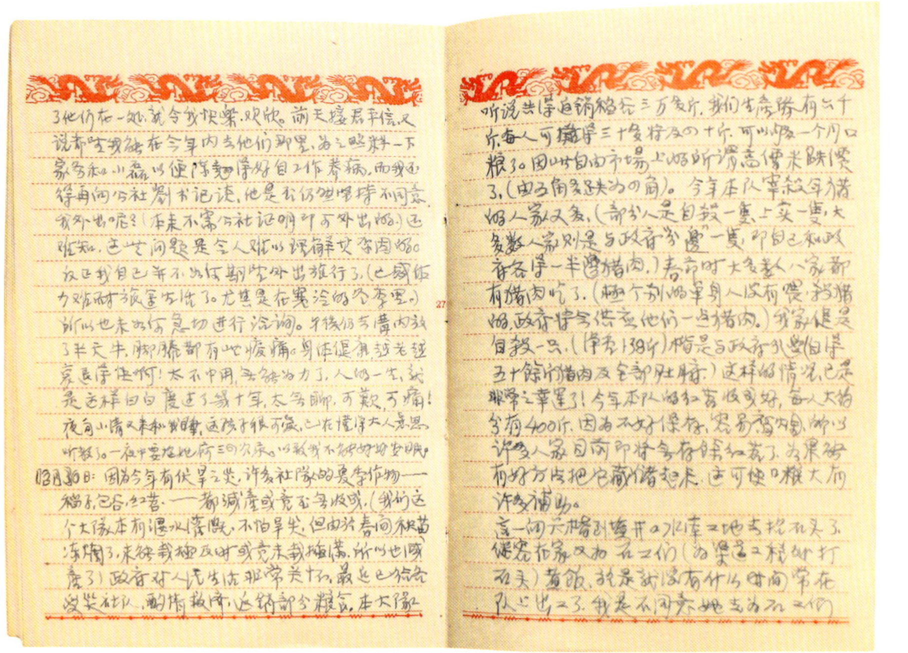

1971年11月21日（十月初四）星期日　晴明

今天是我满67岁的生日。早上和晚间健楷都特别为我作了一肴好菜，并全吃大米饭。生活过得很好。早饭后偕辉儿去屏锦赶场理发，给陈三姨娘送点止咳糖浆药去，看望她一下。又去七间桥看望了一下那里新建的化肥厂和西南师范学院分院所建的校舍大楼，（只是在公路上遥望一下，未接近去看，我们的足走痛了，不便再多走了。）那里在不久的将来，就可能会成为一个繁盛热闹地区。盐井口水库的拦水大堤听说也快完工了。由于足力不济，故未去参观。中午一点左右回家，在街上未尝休息片刻。

这两夜里孙儿女们（辉、耀、清）都来我寝室玩，有了他们在一处，就令我快乐、欢欣。前天接君平信，又说希望我能在今年内去他们那里，为之照料一下家务和小磊，以便陈翘得好自工作养病。而我还得再向公社刘书记谈，他是否仍然坚持不同意我外出呢？（本来不需公社证明即可外出的。）还难知，这些问题是令人难以理解其原因的。反正我自己并不如何期望外出旅行了，（已感体力难耐旅途生活了。尤其是在寒冷的冬季里。）所以也未如何急切进行洽询。午后仍去沟内放了半天牛，脚膝都有些酸痛。身体健康，越老越衰退得快啊！太不中用，无能为力了，人的一生，就是这样白白度过了几十年，太无聊，可叹，可痛！夜间小清又来和我睡，这孩子很可爱，已在懂得大人意思听教了。一夜中要抱她屙三四次尿，以致我不能好好安眠。

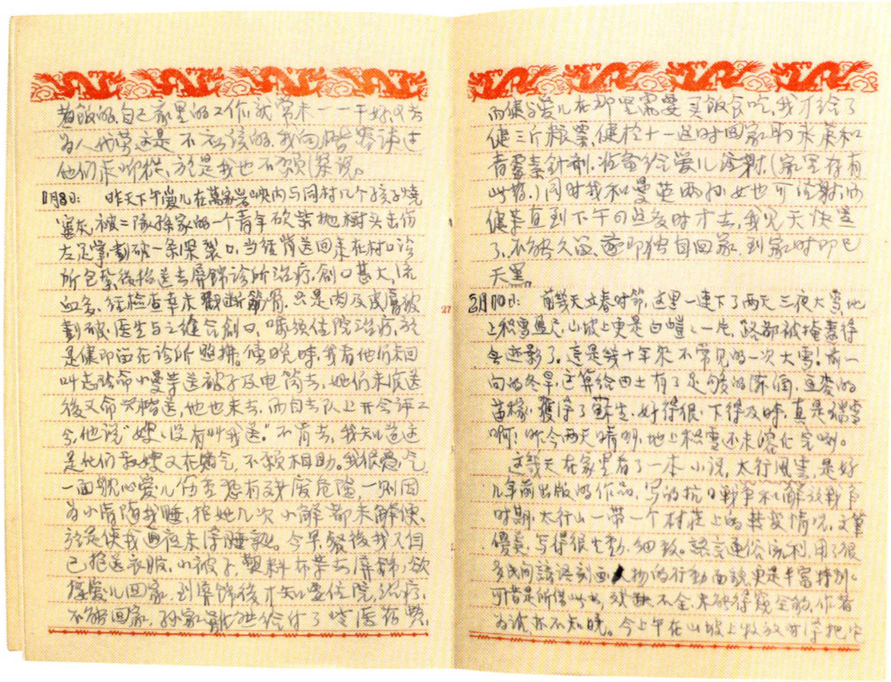

1972 年 2 月 10 日

前几天立春时节，这里一连下了两天三夜大雪，地上积雪盈尺，山坡上更是白皑皑一片，路都被掩盖得无迹影了。这是几十年来不常见的一次大雪！前一向的冬旱，这算给田土有了足够的滋润，亘麦的苗稼，获得了苏生，好得很，下得及时，真是瑞雪啊！昨今两天晴明，地上积雪还未溶（融）化完咧。

这几天在家里看了一本小说，《太行风云》，是好几年前出版的作品，写的抗日战争和解放战争时期，太行山一带一个村庄上的转变情况，文笔优美，写得很生动、细致。语言通俗流利，用了很多民间谚语刻画人物的行动面貌，更是丰富特别。可惜是所借此书，残缺不全，未能得窥全豹，作者为谁，亦不知晓。今上午在山坡上牧放时得把它……

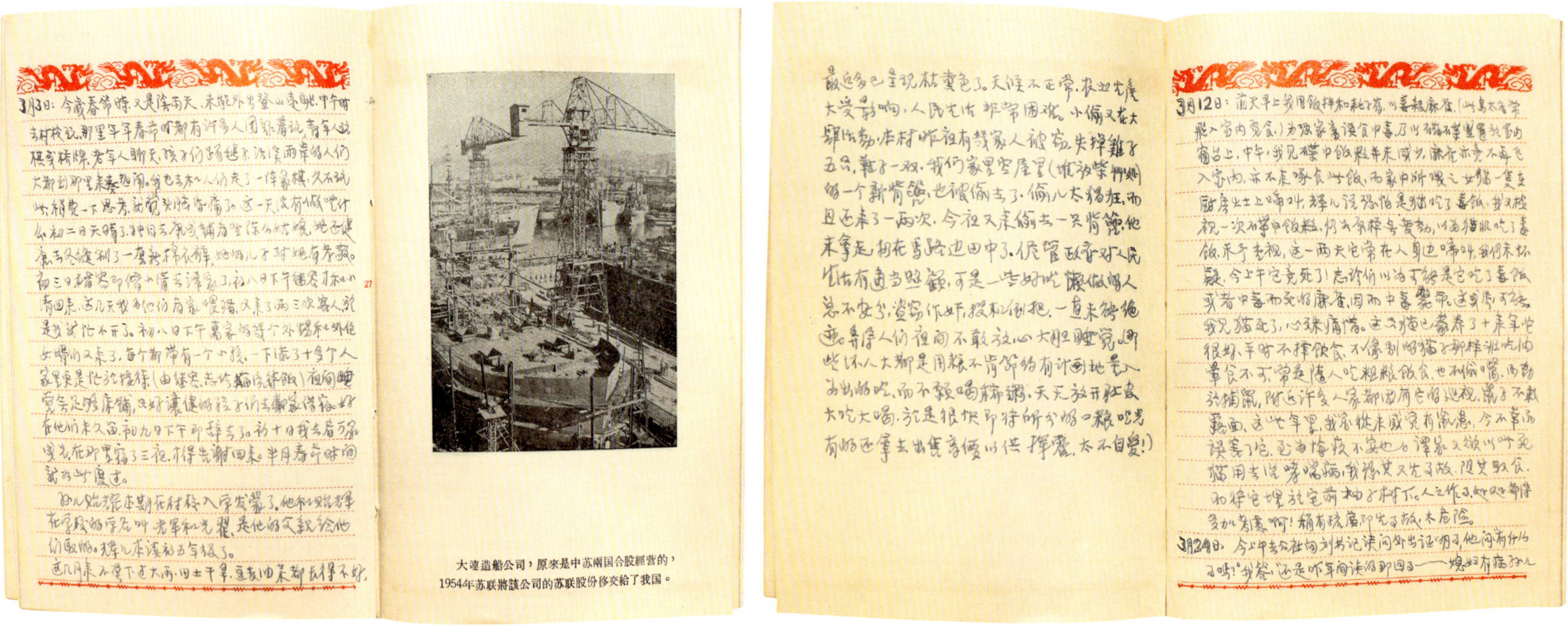

1972 年 3 月 3 日

今岁春节时，又是阴雨天，未能外出登山远眺，中午时去村校玩，那里年年春节时都有许多人团聚着玩，青年人玩棋或桥牌，老年人聊天，孩子们踢毽子，沿溪两岸的人们大都到那里来凑热闹。我也去和人们走了一阵象棋，久不玩此，稍费一下思考，就觉头脑昏痛了。这一天没有做些什么。初二日天晴了，独自去康成铺看望陈幺姑娘，她还健康，去冬缝制了一套新棉衣裤，她的儿子对她有孝敬。初三日楷容即偕小清去谭家了，初八日下午继容才和小清回来。这几天我为他们看家喂猪，又来了两三次客人，于是我就忙不开了。初八日下午万家的几个外甥和外侄女婿们又来了，每个都带有一个小孩，一下添了十多个人，家里更是忙于接待（由继容、志珍轮流待饭），夜间睡觉无足够床铺，只好让健的孩子们去邻家借宿。好在他们未久留，初九日下午即辞去了。初十日我去看万家成兄，在那里宿了三夜，才得告谢回来。半月春节时间就如此度过。

孙儿贻耀本期在村校入学发蒙了。他和贻辉在学校的学名叫光军和光翟，是他的父亲给他们取的，辉儿本读初五年级了。

这几月来不曾下过大雨，田土干旱，豆麦油菜都长得不好，最近多已呈现枯黄色了。天候不正常，农业生产大受影响，人民生活非常困难。小偷又在大肆活动，本村昨夜有几家人被窃，失掉鸡子五只，鞋子一双，我们家里空屋里（堆放柴草处）的一个新背篼，也被偷去了。偷儿太猖狂，而且还来了一两次，今夜又来偷去一只背篼，他未拿走，扔在马路边田中了。尽管政府对人民生活有适当照顾，可是一些好吃懒做的人总不安分，盗窃作奸，投机倒把，一直未能绝迹。弄得人们夜间不敢放心大胆睡觉。（那些坏人大都是用粮不肯节约有计划地量入为出的吃，而不愿喝稀粥，天天放开肚皮大吃大喝，于是很快即将所分的口粮吃光。有的还拿去出售高价以供挥霍，太不自爱！）

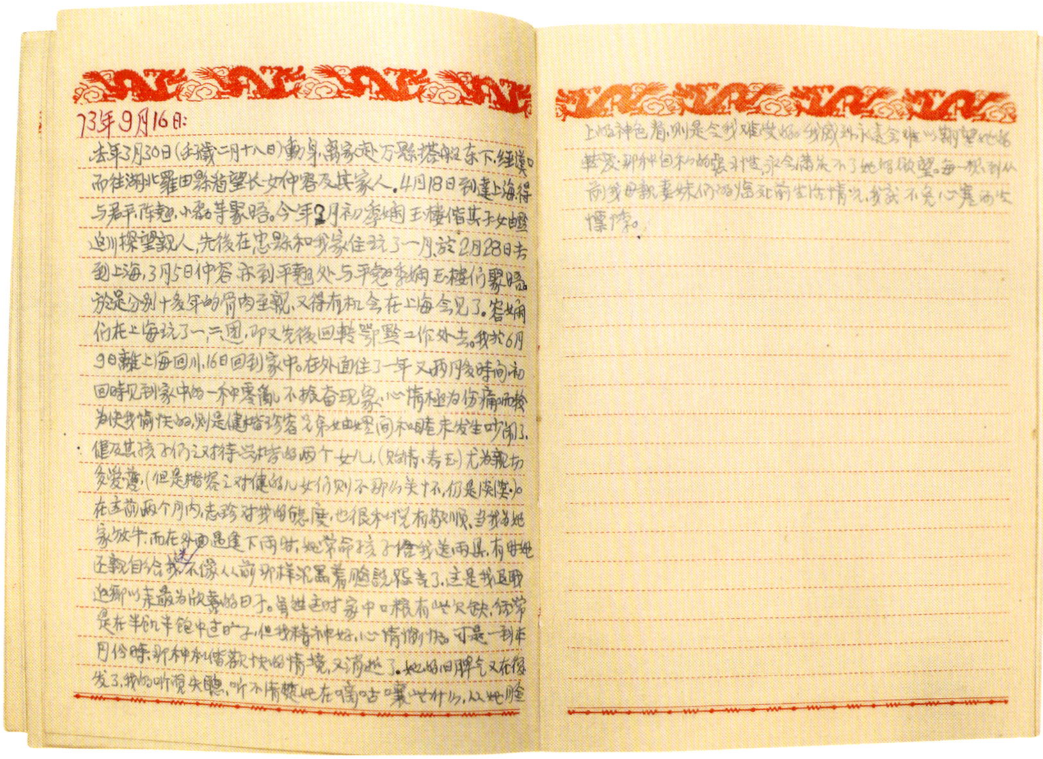

1973 年 9 月 16 日

去年 3 月 30 日（壬子岁二月十八日）动身，离家赴万县搭船东下，经汉口而往湖北罗田县看望长女仲容及其家人。4 月 18 日到达上海，得与君平、陈翘、小磊等聚晤。今年 2 月初季娴玉楼偕其子女由黔返川探望亲人，先后在忠县和我家住玩了一月，于 2 月 28 日去到上海，3 月 5 日仲容亦到平翘处与平翘季娴玉楼们聚晤。于是分别十多年的骨肉至亲，又得有机会在上海会见了。容娴们在上海玩了一、二周，即又先后回转鄂黔工作处去。我于 6 月 9 日离上海回川，16 日回到家中。在外面住了一年又两月多时间，初回时见到家中的一种零乱不振奋现象，心情极为伤痛。而较为使我愉快的，则是健楷珍容兄弟妯娌间和睦未发生吵闹了。健及其孩子们之对待兴楷的两个女儿（贻清、春玉）尤为亲切多爱护。（但是楷容之对健的儿女们则不那么关怀，仍是淡漠）。在这前两个月内，志珍对我的态度，也很和悦有敬顺。当我为她家放牛，而在外面遇逢下雨时，她常命孩子给我送雨具，有时她还亲自给我送，不像从前那样沉黑着脸说怨言了，这是我退职返乡以来最为欣喜的日子。虽然这时家中口粮有些欠缺，经常是在半饥半饱中过日子，但我精神好，心情愉快。可是一到本月份时，那种和谐欢快的情境，又消逝了。她的旧脾气又在复发了，我的听觉失聪，听不清楚她在嘀咕嚷些什么，从她脸上的神色看，则是令我难受的。我感到永远会难以期望她的转变，那种自私的恶习性，永会满足不了她的欲望。每一想到从前我母亲妻妹们的临死前生活情况，我就不免心寒而发懔悸。

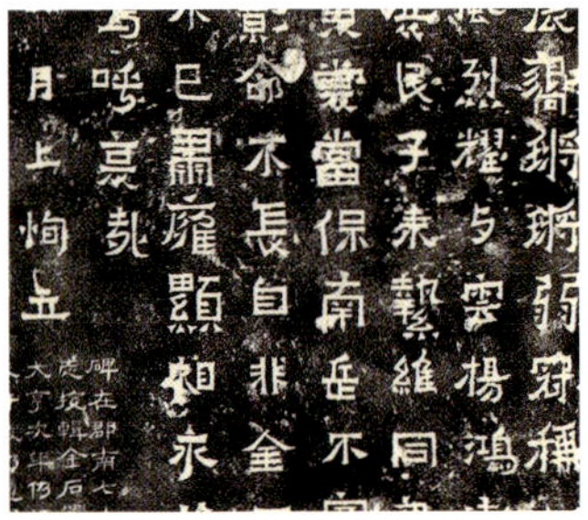

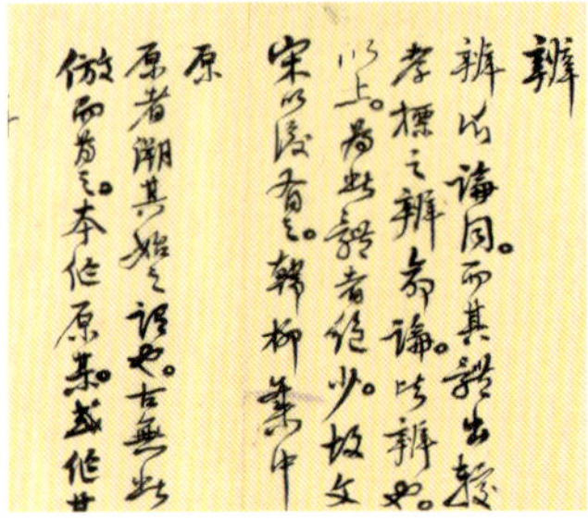

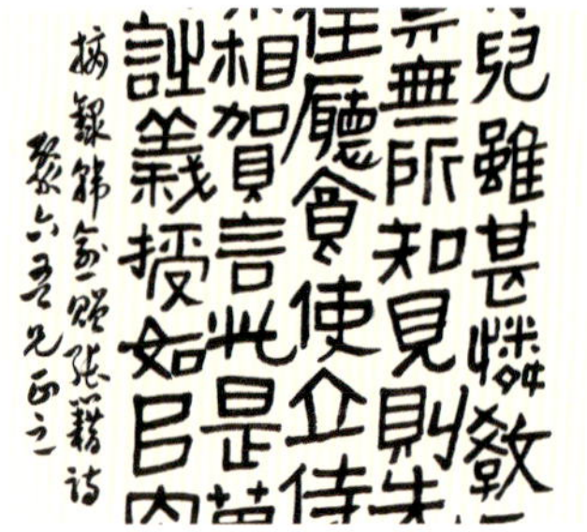

第四辑

字画

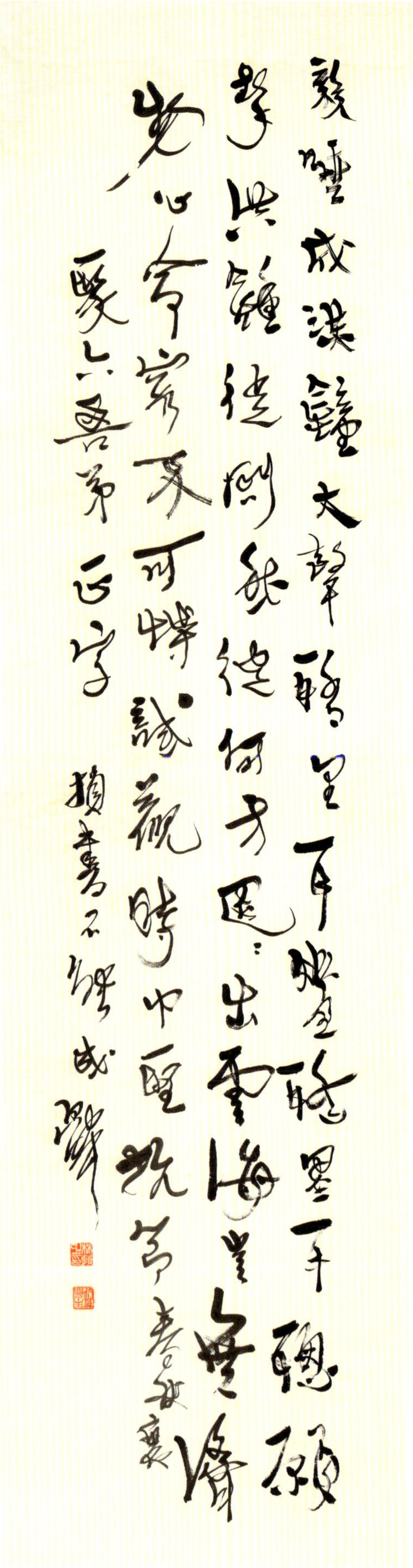

林损赠叶聚六书法作品　136cm×36cm

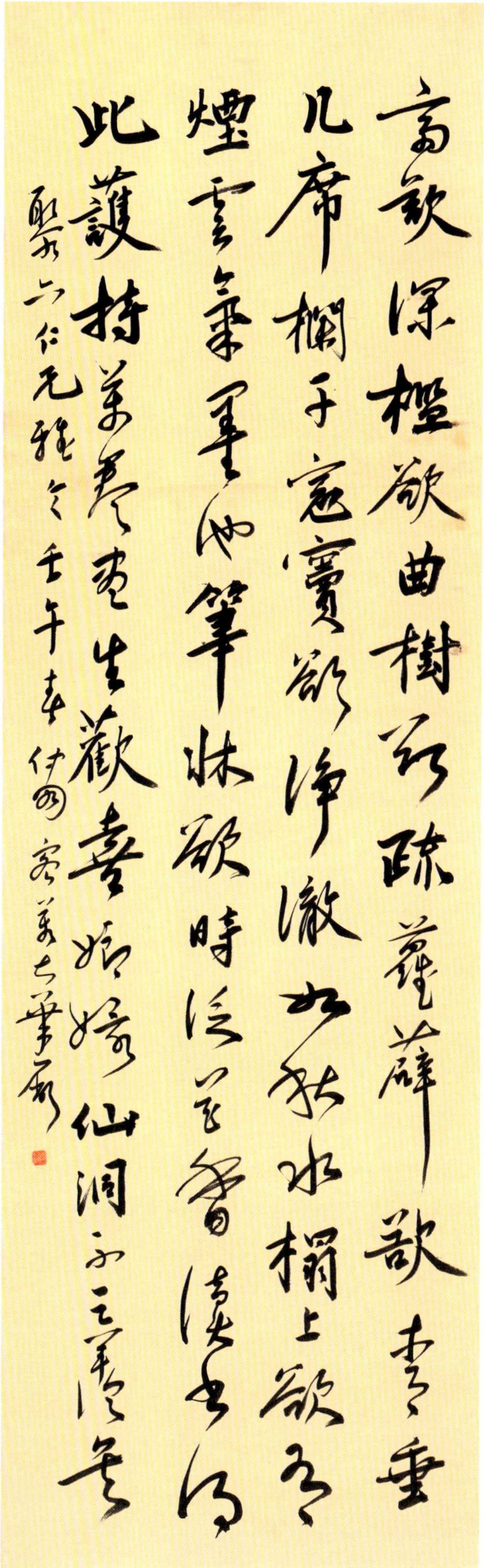

唐仲朋赠叶聚六书画作品　绘画：79.8cm × 30.3cm；书法：124.5cm × 40.5cm

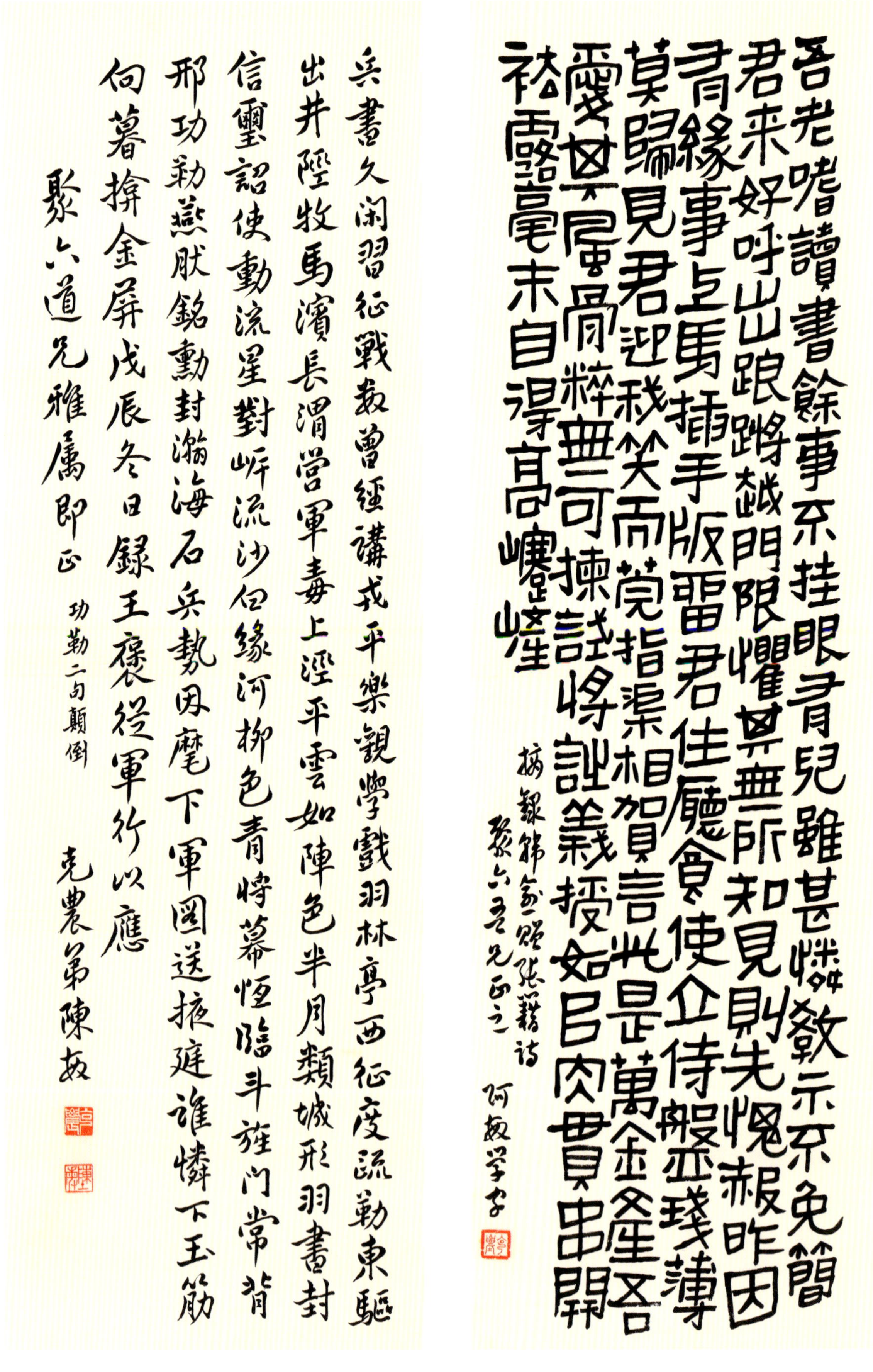

陈克农赠叶聚六书法四条屏　79cm × 26cm × 4

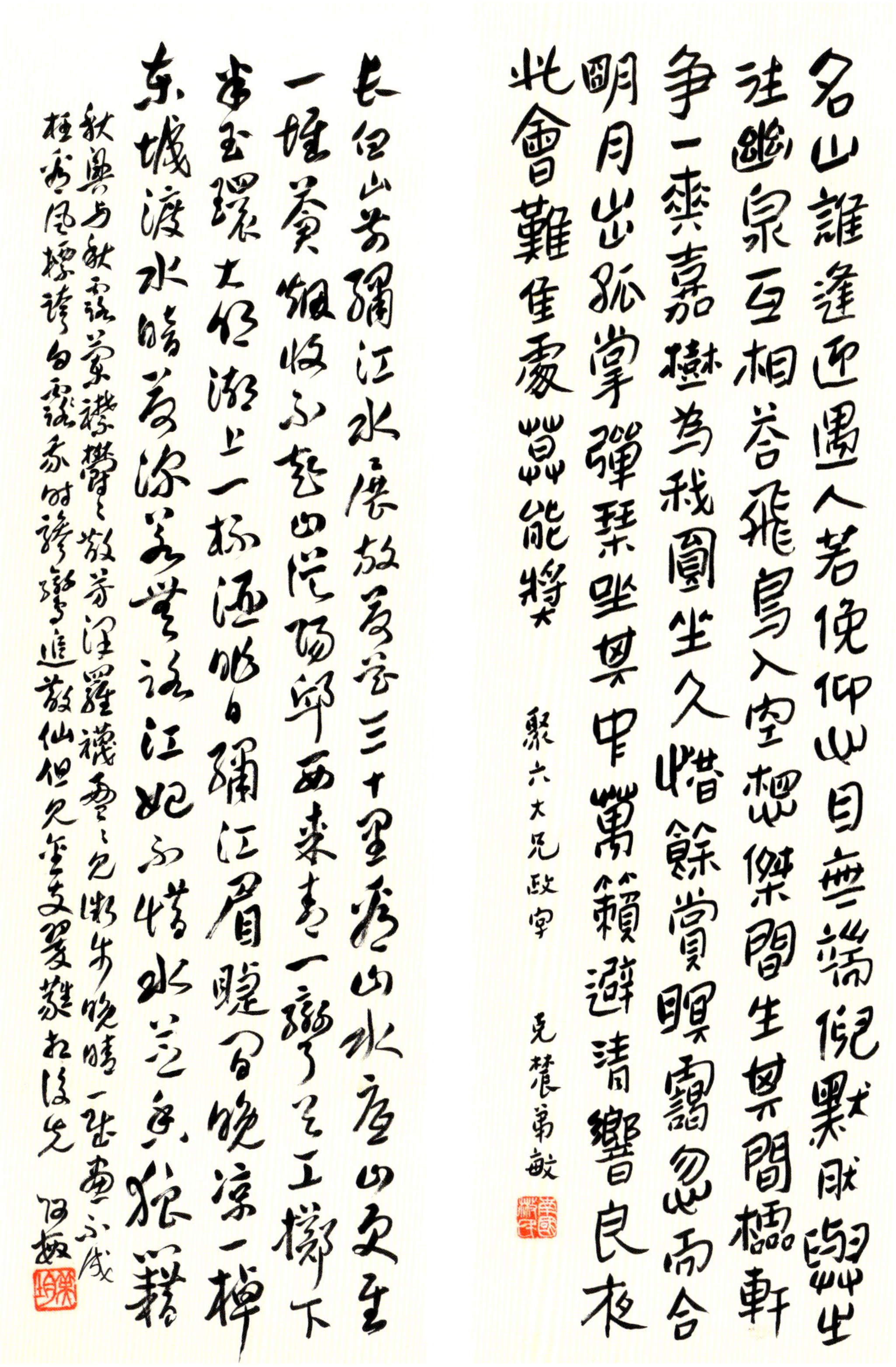

陈克农，叶聚六同乡、好友，在北平时党的地下组织同志、入党证明人，1925 年 2 月在北京大学参加中国共产党，曾任中共梁山县委宣传部部长，川东游击军特支书记，中共达县县委常委兼秘书长等职。1949 年后从事教育工作多年，担任《汉语大字典》编委，1987 年 7 月离休，1990 年 4 月病逝于四川师范学院。

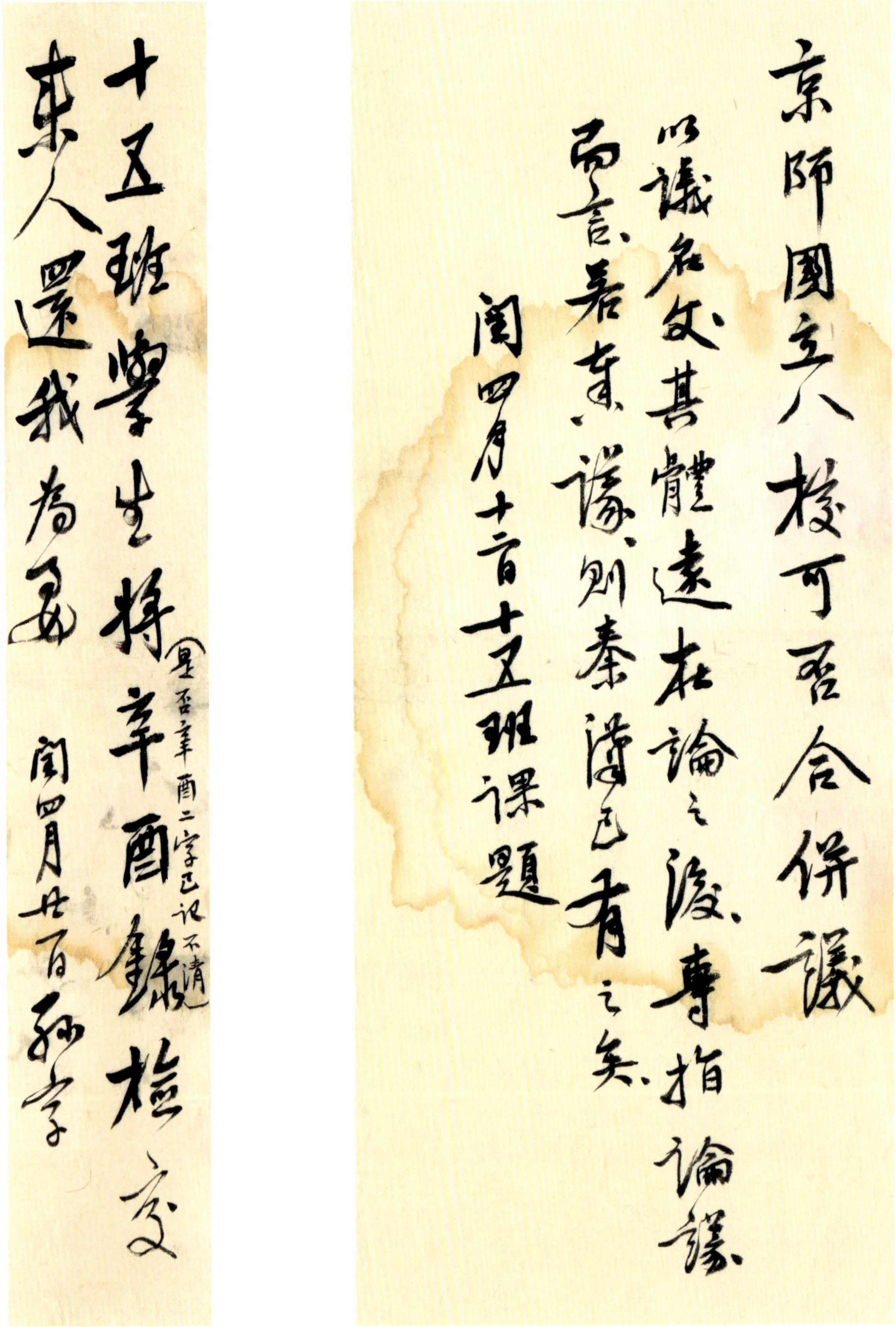

孙尔康手书便条　左：25.7cm×4.9cm　右：25.7cm×11.4cm

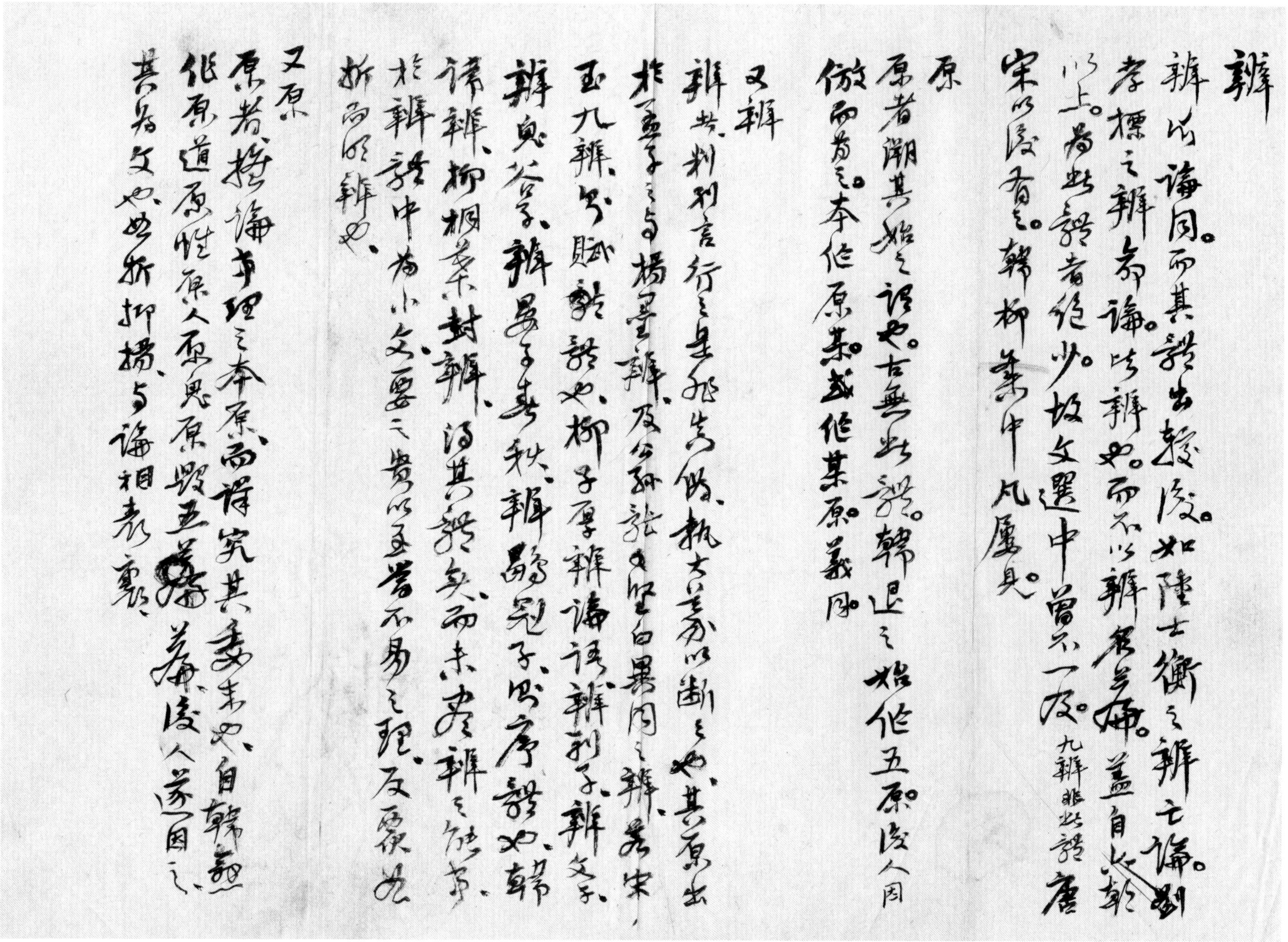

孙尔康手书便条　23.3cm × 33.9cm

孙尔康，叶聚六老师，字弗唐、弗棠，号鹤松，著名书法家，梁平最后的举人。1893 年入川东书院进修，1894 年在桂香书院肄业，后进尊经书院深造。光绪二十八年（1902）中举，会试未第，“报捐”为吏部主事。辛亥革命后，辞职回乡。后任四川康定税务监督、四川法政专门学校国文教席、杨森部秘书、梁山县教育局长、《梁山县志》总纂等，1936 年因病去世。孙尔康酷爱书法，数十年如一日，未尝稍间，其书法自成一家，名噪一时。孙尔康亦善为诗文，笔势奔驰，不落俗套。

孫先生墨跡
葉聚六

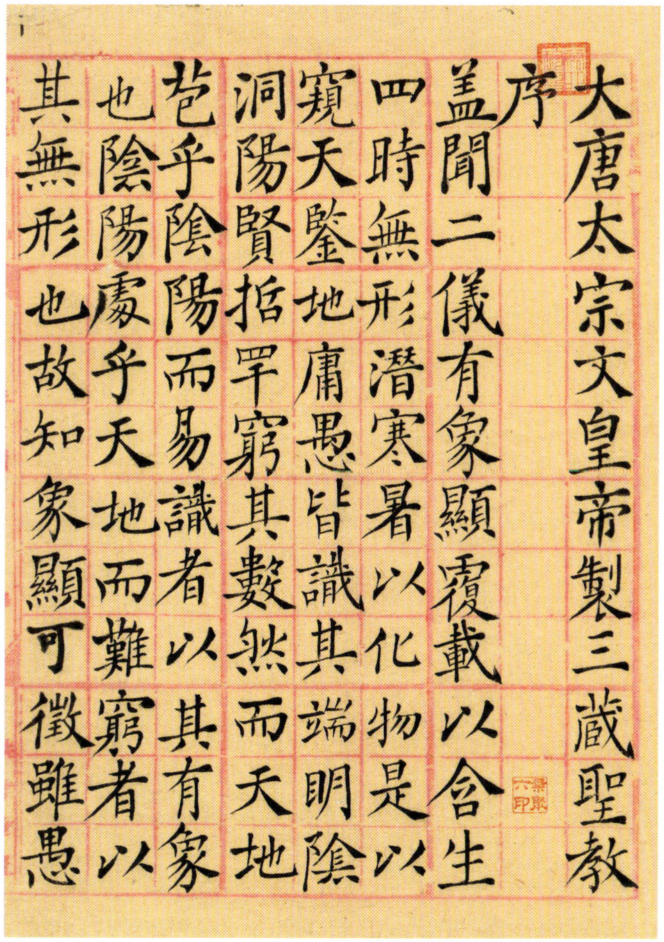
大唐太宗文皇帝製三藏聖教序
蓋聞二儀有象顯覆載以含生四時無形潛寒暑以化物是以窺天鑒地庸愚皆識其端明陰洞陽賢哲罕窮其數然而天地苞乎陰陽而易識者以其有象也陰陽處乎天地而難窮者以其無形也故知象顯可徵雖愚

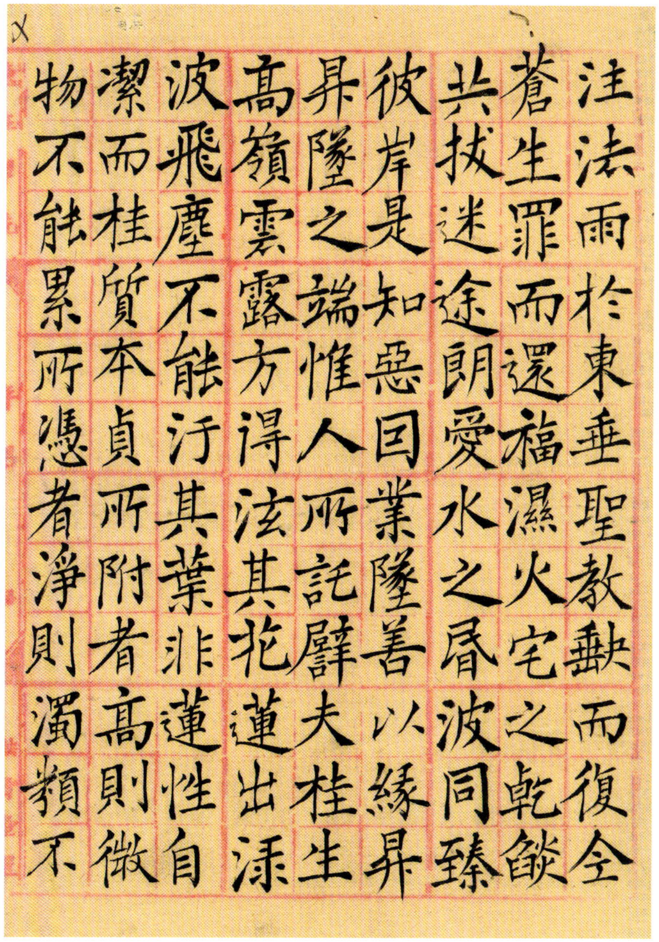
注法雨於東垂聖教缺而復全蒼生罪而還福濕火宅之乾燄共拔迷途朗愛水之昏波同臻彼岸是知惡因業墜善以緣昇昇墜之端惟人所託譬夫桂生高嶺雲露方得泫其花蓮出淥波飛塵不能汙其葉非蓮性自潔而桂質本貞所附者高則微物不能累所憑者淨則濁類不

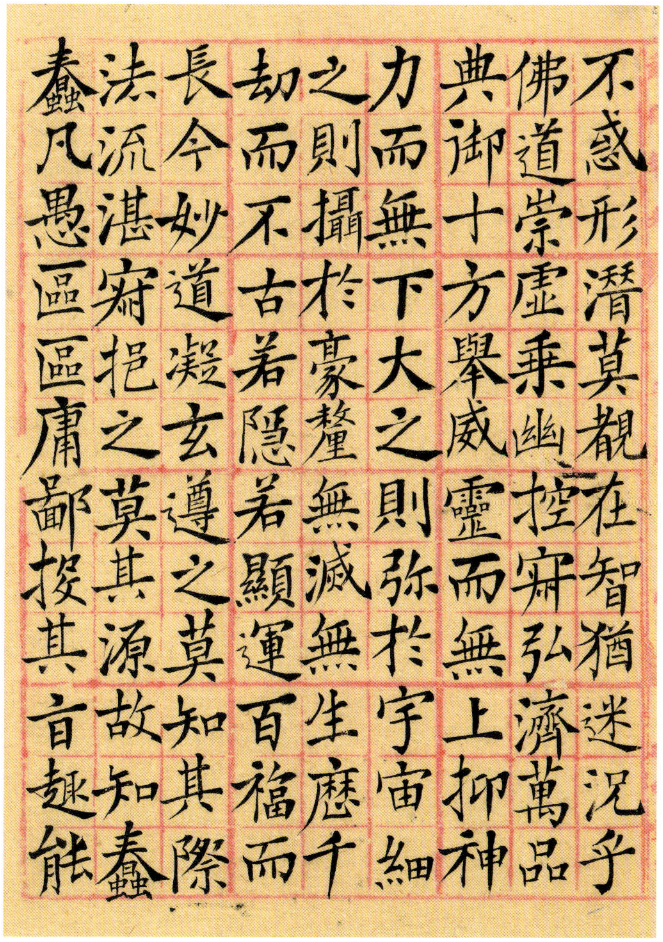
不惑形潛莫覩在智猶迷況乎佛道崇虛乘幽控寂弘濟萬品典御十方舉威靈而無上抑神力而無下大之則彌於宇宙細之則攝於豪釐無滅無生歷千劫而不古若隱若顯運百福而長今妙道凝玄遵之莫知其際法流湛寂挹之莫其源故知蠢蠢凡愚區區庸鄙投其旨趣能

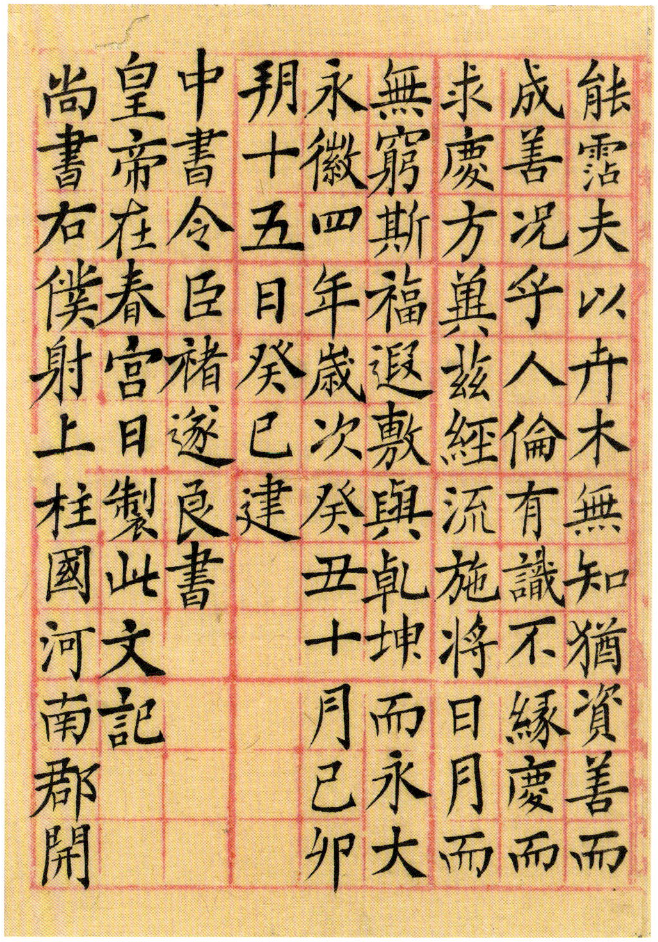
能霑夫以卉木無知猶資善而成善況乎人倫有識不緣慶而求慶方冀茲經流施將日月而無窮斯福遐敷與乾坤而永大
永徽四年歲次癸丑十月己卯朔十五日癸巳建
中書令臣褚遂良書
皇帝在春宮日製此文記
尚書右僕射上柱國河南郡開

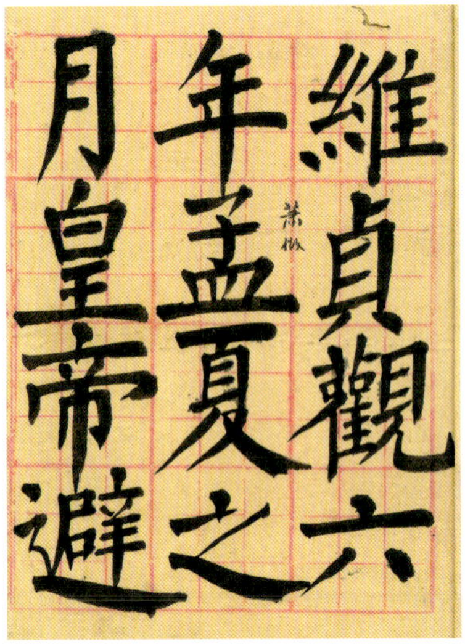
維貞觀六
年孟夏之
月皇帝避

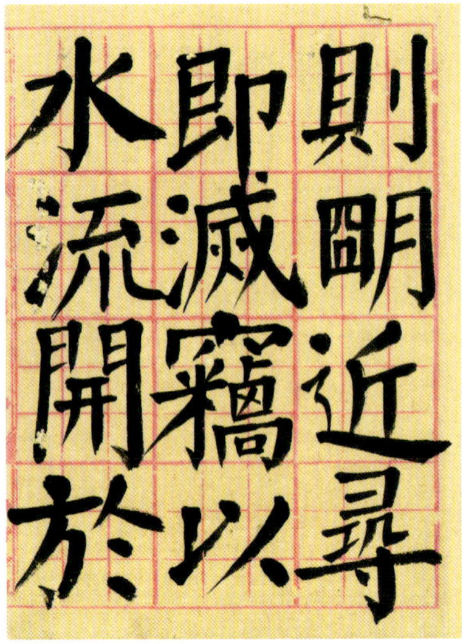
則朙近尋
即滅竊以
水流開於

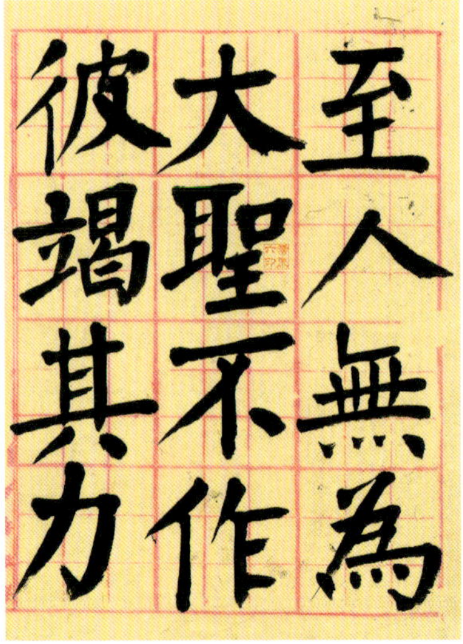
至人無為
大聖不作
彼竭其力

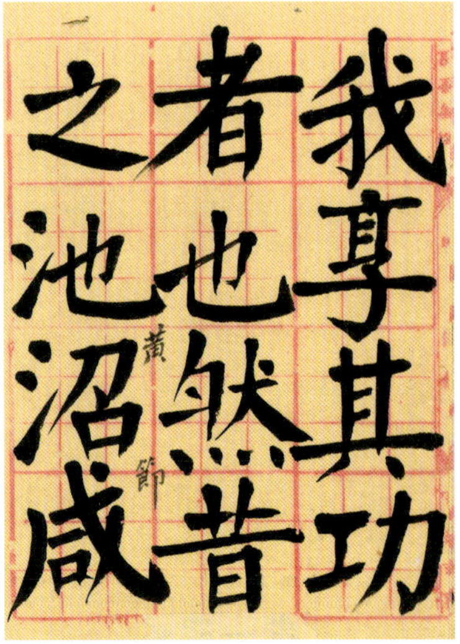
我享其功
者也然昔
之池沼咸

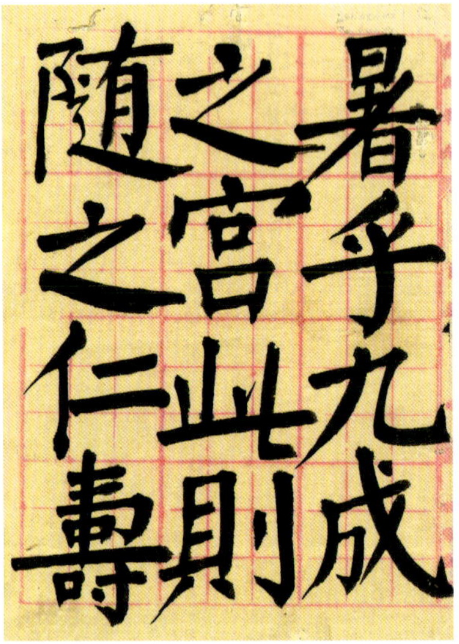
暑乎九成
之宮此則
隨之仁壽

法性舟泛
表明示無
盡非至德

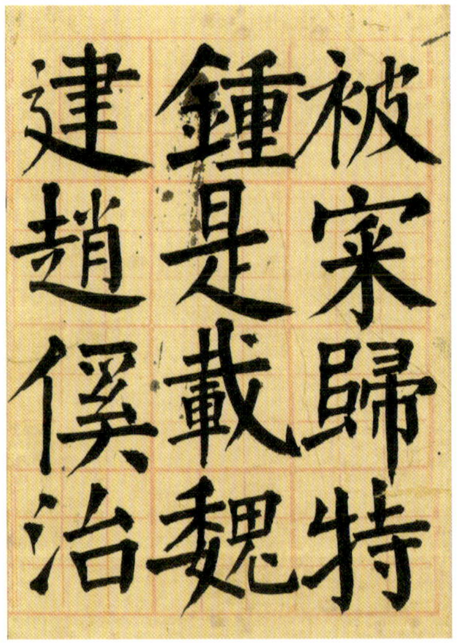
被寀歸特
鍾是載魏
建趙傒治

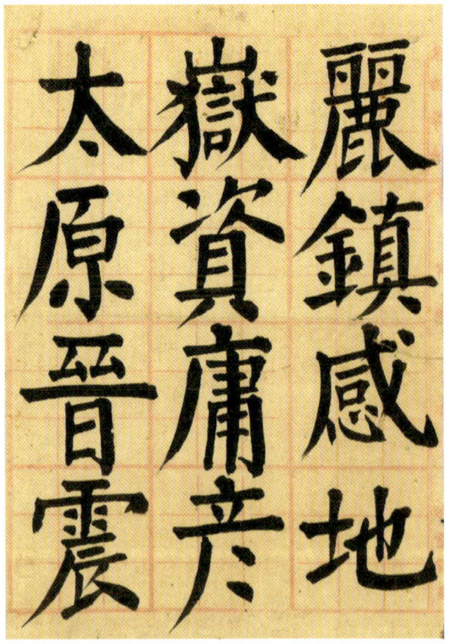
麗鎮感地
嶽資庸彦
太原晉震

孙尔康墨迹摘选

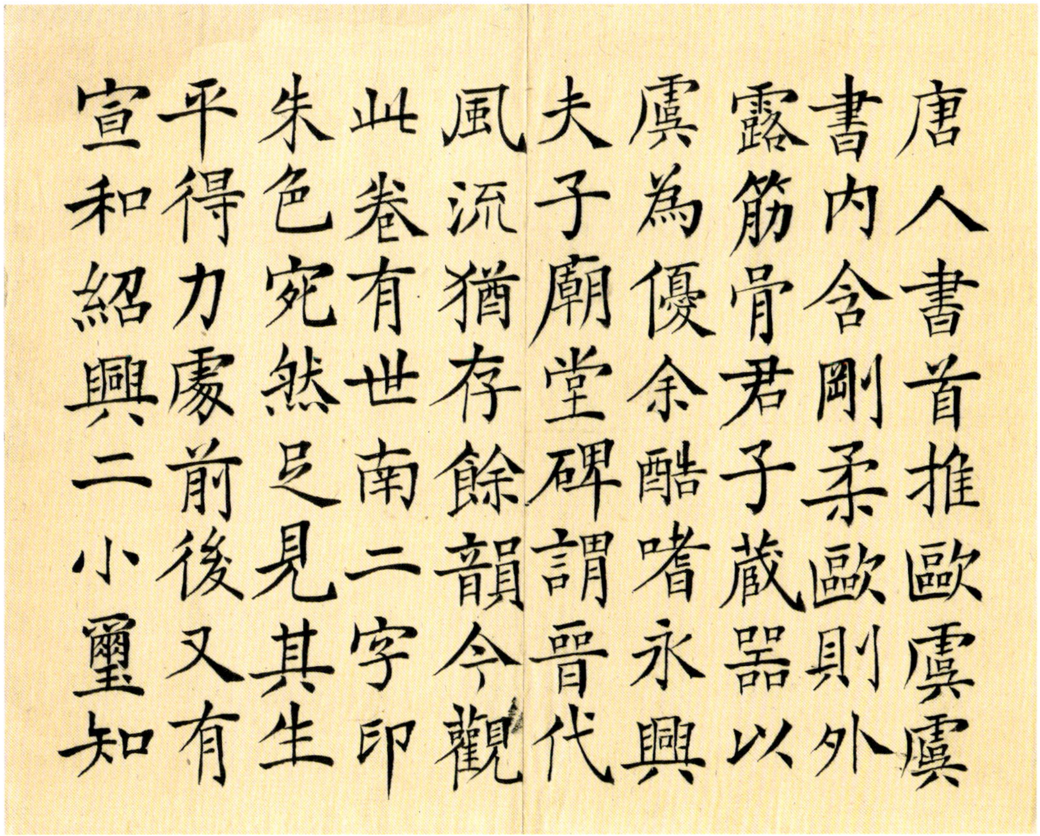

唐人書首推歐虞虞
書内含剛柔歐則外
露筋骨君子藏器以
虞為優余酷嗜永興
夫子廟堂碑謂晉代
風流猶存餘韻今觀
此卷有世南二字印
朱色究然足見其生
平得力處前後又有
宣和紹興二小璽知

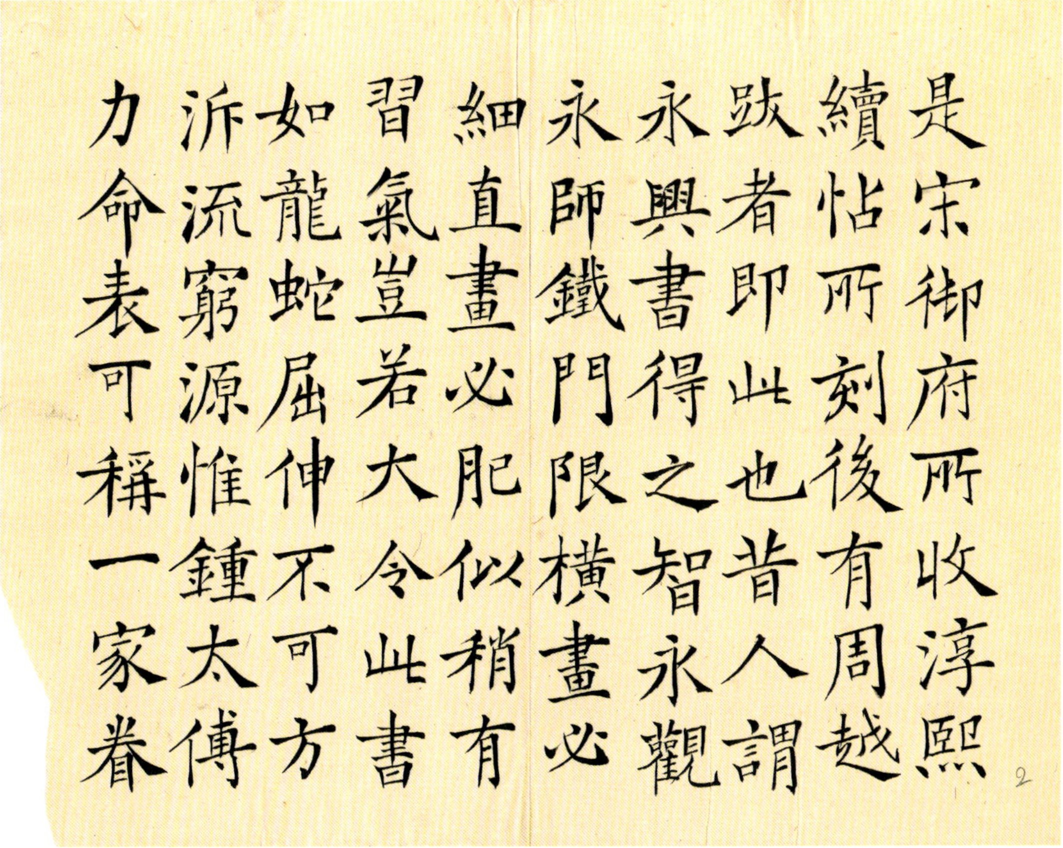

是宋御府所收淳熙
續帖所刻後有周越
跋者即此也昔人謂
永興書得之智永觀
永師鐵門限横畫必
細直畫必肥似稍有
習氣豈若大令此書
如龍蛇屈伸不可方
泝流窮源惟鍾太傅
力命表可稱一家眷

孙尔康墨迹摘选

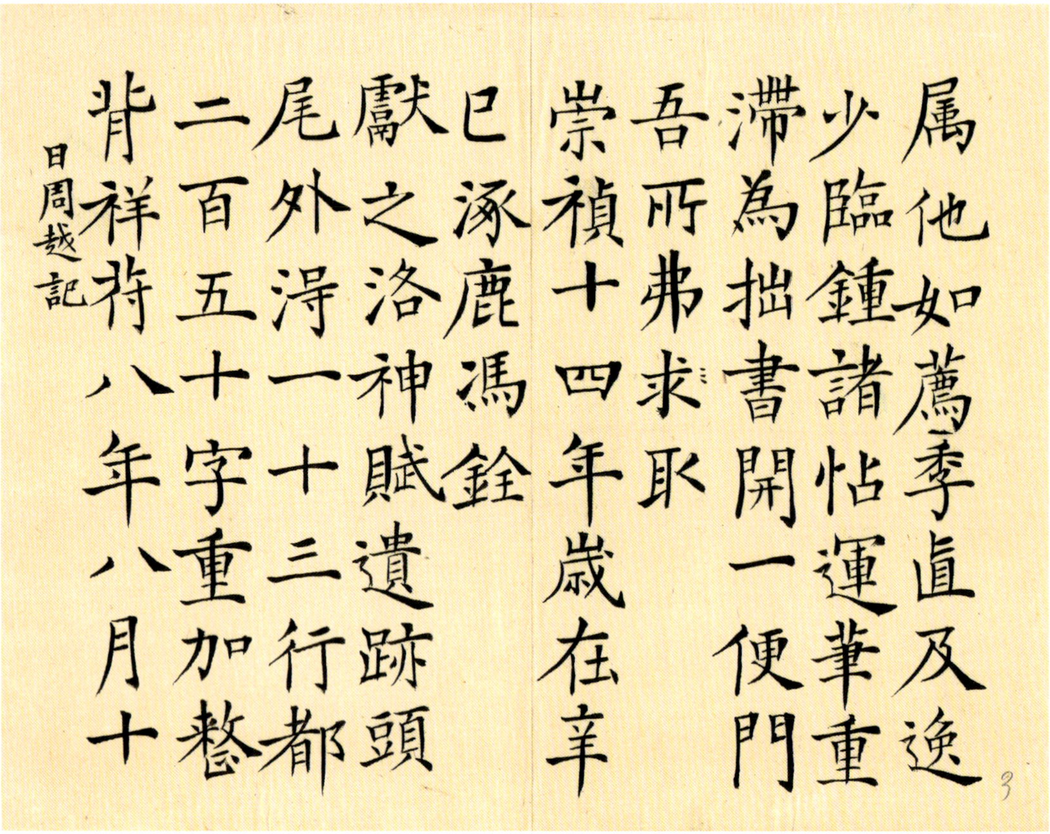

屬他如薦季直及逸少臨鍾諸帖運筆重滯為拙書開一便門吾所弗求耶

崇禎十四年歲在辛巳涿鹿馮銓

獻之洛神賦遺跡頭尾外淂一十三行都二百五十字重加鳌背祥符八年八月十日周越記

3

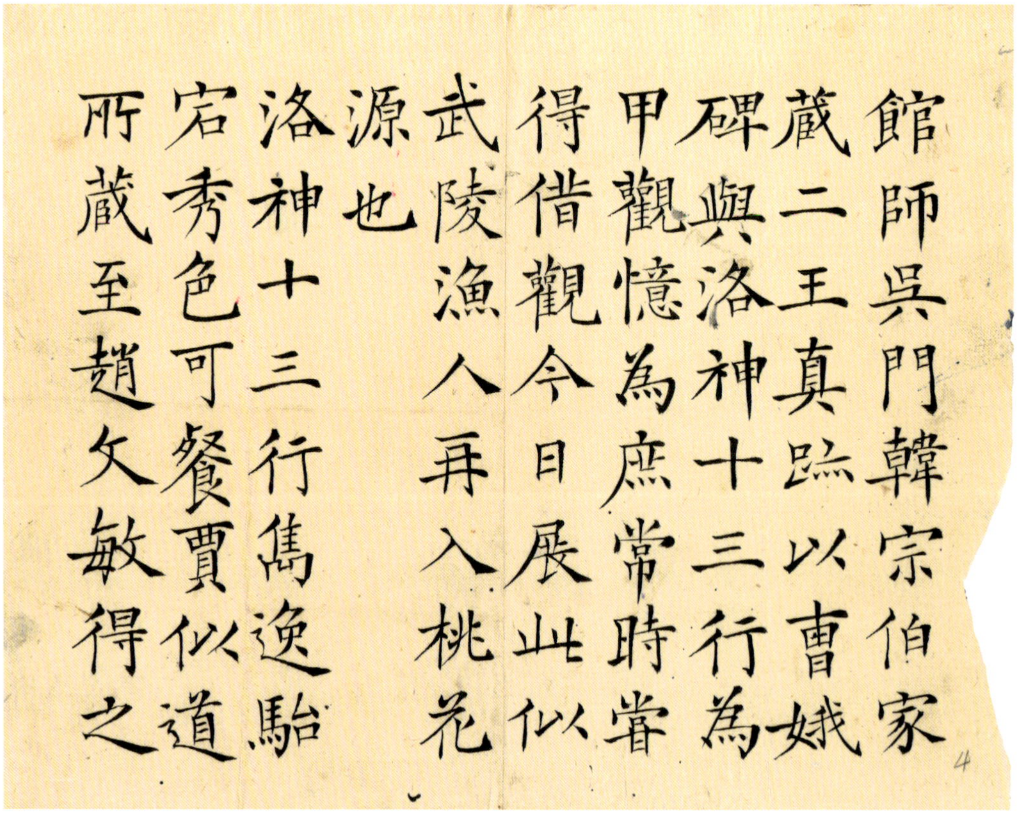

館師吳門韓宗伯家藏二王真跡以曹娥碑與洛神十三行為甲觀憶為庶常時嘗得借觀今日展此似武陵漁人再入桃花源也

洛神十三行雋逸駘宕秀色可餐買似道所藏至趙文敏得之

4

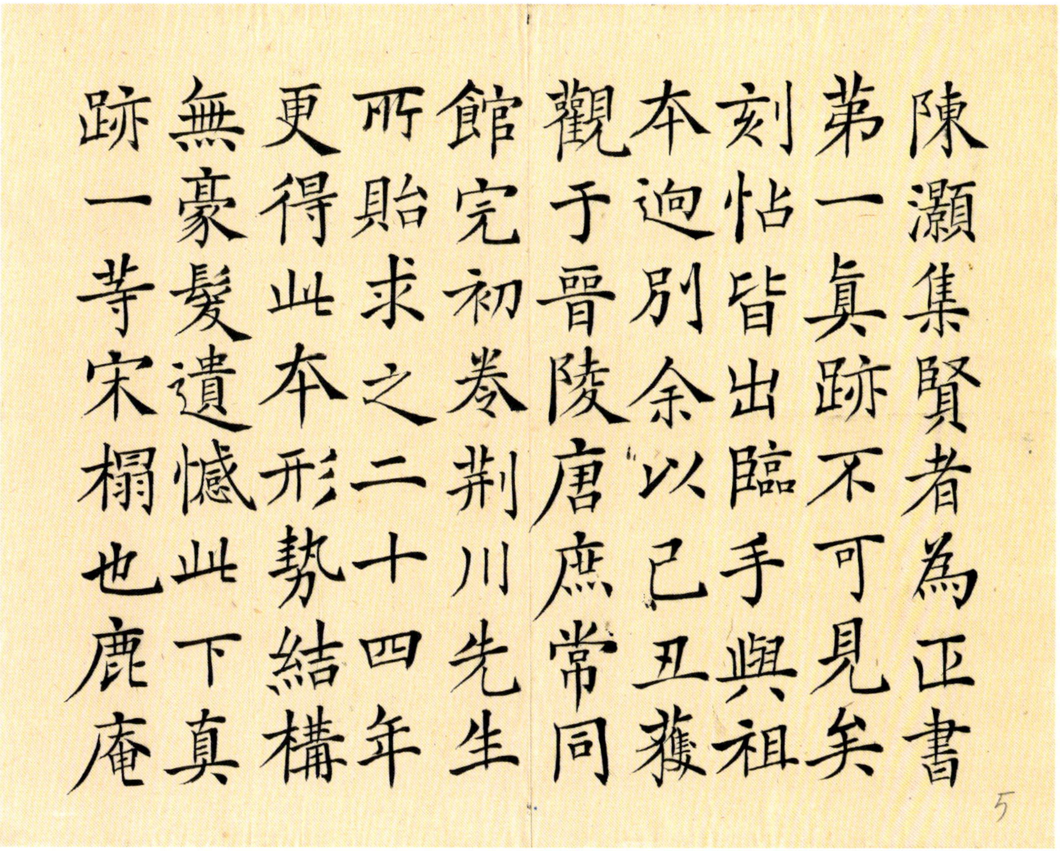

陳灝集賢者為正書第一真跡不可見矣刻帖皆出臨手與祖本迥別余以己丑獲觀于晉陵唐庶常同館完初卷荆川先生所貽求之二十四年更得此本形勢結構無豪髮遺憾此下真跡一等宋榻也鹿庵

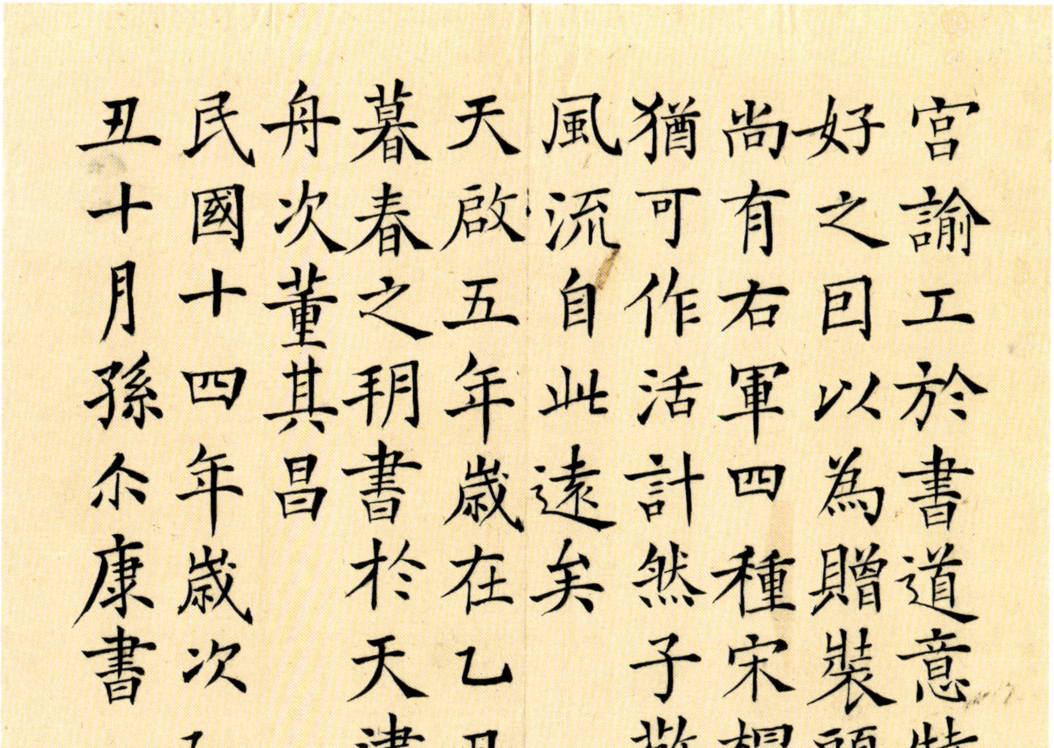

宮諭工於書道意特好之曰以為贈裝頭尚有右軍四種宋榻猶可作活計然子敬風流自此遠矣

天啟五年歲在乙丑暮春之朔書於天津舟次董其昌

民國十四年歲次乙丑十月孫尒康書

孙尔康墨迹摘选

修禊事於此凡夔州一
道東望巫峽西盡郡
鄙林泉之勝莫與南
浦爭長者也寺僧文照
喜事作東西二堂於茂
林脩竹之間仲本以
爲不奢不陋冬燠而夏
凉宜於游觀也建中靖
國元年二月辛酉江西
黄魯直題

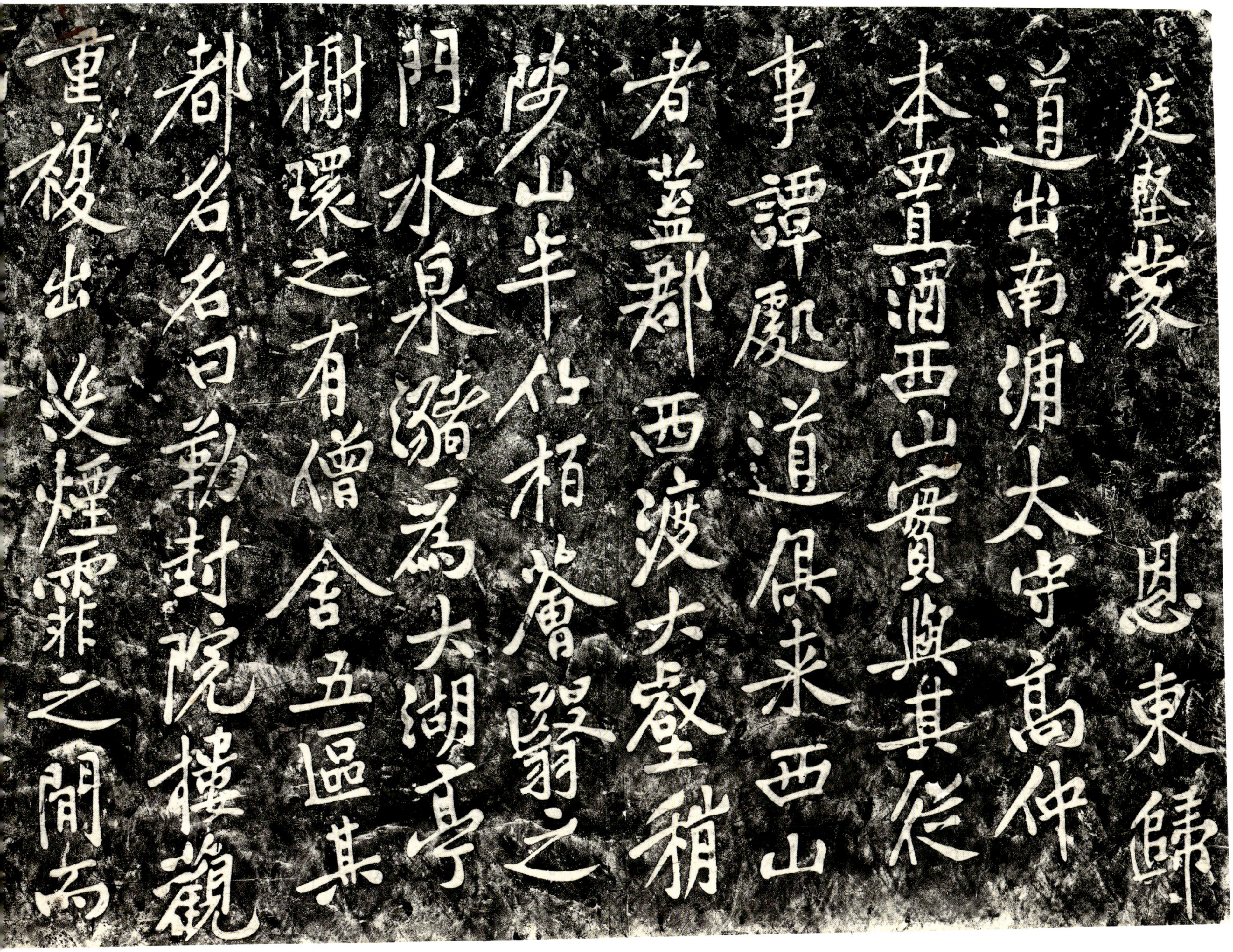
庭堅蒙 恩東歸
道出南浦太守高仲
本置酒西山賓與其從
事譚處道俱來西山
者蓋郡西渡大壑稍
陟山半竹柏蒼翳之
門水泉瀦為大湖亭
榭環之有僧舍五區其
都名名曰勤封院樓觀
重複出沒煙霏之間而

叶聚六于 1934 年所购黄庭坚《西山碑》拓片　92.6cm×251.2cm

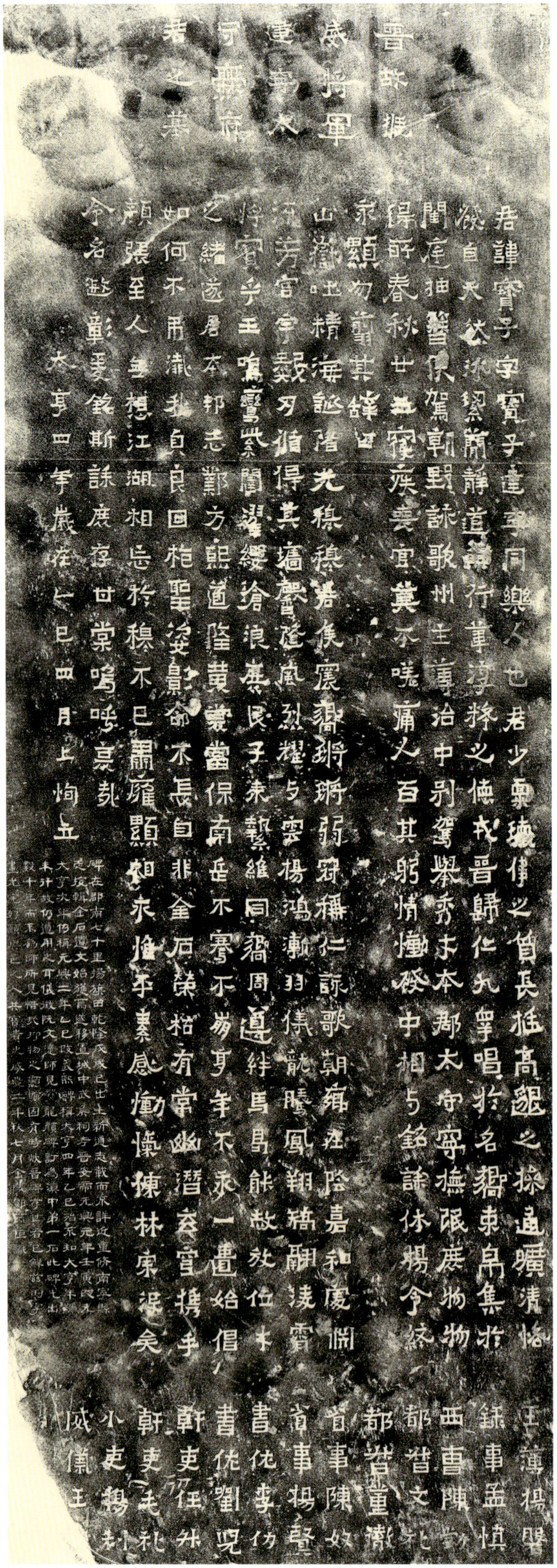

云南曲靖《爨宝子碑》拓片　163.3cm × 58.4cm

“爨宝子原拓本一幅，民国三十年（1941）九月贺利仁兄购赠于云南宣威县。据告此碑原石在云南曲靖县距宣威不远，故易购得其真品也。聚六附记 1941 年 10 月 22 日。”

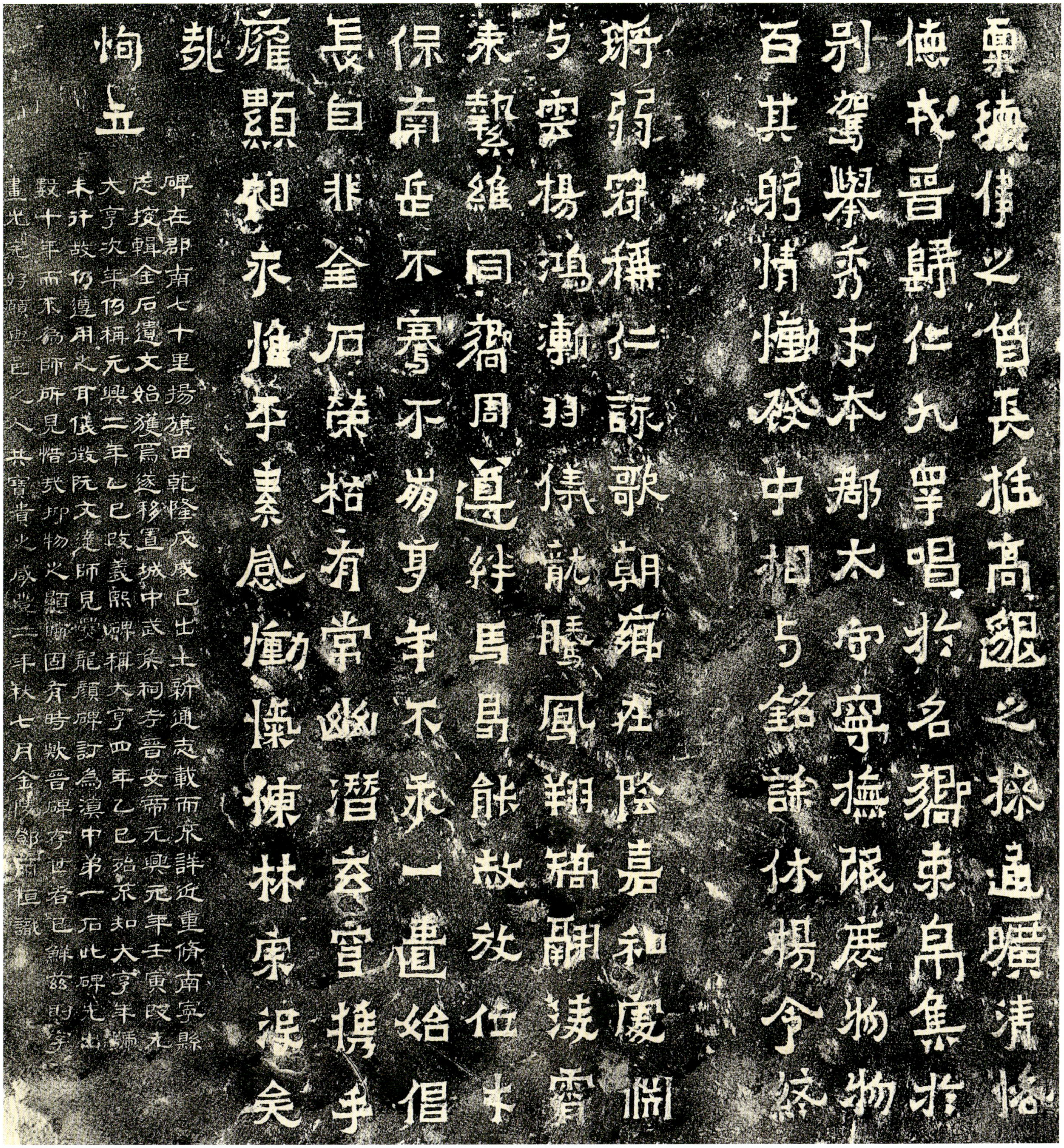

（局部）

高而不危所以長守貴也可不儆懼乎
書曰尔唯弗矜天下莫與汝爭能尔唯不伐
天下莫與汝爭功以齊桓公之盛業片
言勤王則九合諸侯一匡天下葵丘之會
微有振矜而叛者九國故曰行百里
者半九十里言晚節末路之難也
從古至今暨我高祖太宗已來未有行此而不理廢此
而不亂者也前者菩提寺行香僕射指
麾宰相與兩省臺省已下常參官並為一行坐魚開府及僕射率諸軍將
為一行坐若一時從權亦猶未可何況積習更行之乎一昨以郭
令公以父子之軍破犬羊兇逆之眾
眾情欣喜恨不頂而戴之是用有興道
之會僕射又不悟前失徑率意而指麾
不顧班秩之高下不論文武之左右苟以取悅
軍容為心曾不顧百寮之側目亦何異
清晝攫金之士哉甚非謂也君子愛人以禮不聞姑息僕射
得不深念之乎真卿竊聞軍容之為
人清修梵行深入佛海況乎收東京有殄賊之業守陝城有戴天之功朝野之人所共貴仰豈獨有分於僕射哉加以利衰塗割
恬然於心固不以一毀加怒一敬加喜尚何半席之座咫尺之地能汨其志哉且
鄉里上齒宗廟上爵朝廷上位皆有

[illegible]
不願僕射為軍容佞柔之友
又一昨裴僕射誤欲令左右丞勾當尚書當時輒有酬對
僕射恃貴張目見尤介眾之中不欲顯過今者
興道之會還爾遂非再猲八座尚書欲令便向
下座州縣軍城之禮亦恐未然朝廷公讌之宜不應若此
今既若此僕射意只應以為尚書之與僕射
若州佐之與縣令乎若以尚書同於縣令則僕
射見尚書令得如上佐事刺史乎益不然
矣今既三廳齊列足明不同刺史且尚書令與僕射同是二品只校上下
之階六曹尚書並正三品又非隔品致敬
之類尚書之事僕射禮數未敢有失
僕射之顧尚書何乃欲同卑吏又據宋書百
官志八座同是第三品隋及國家始升別
作二品高自標致誠則尊崇向下擠排
無乃傷甚況再於公堂猥加忿詈
[illegible]
朝廷紀綱須共存立過爾隳壞亦恐
及身明天子忽震電含怒責其彝
倫之人則僕射將何辭以對

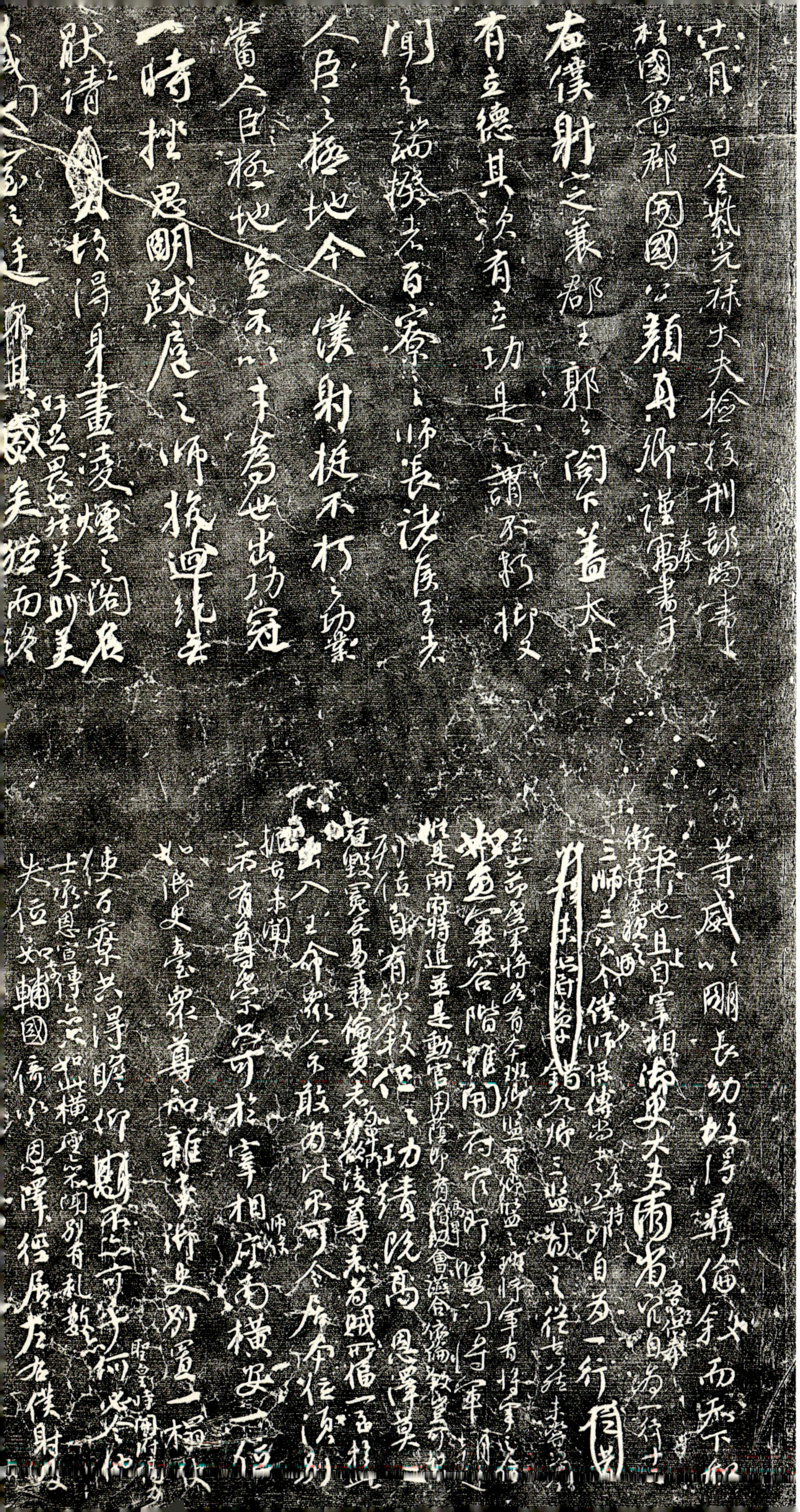

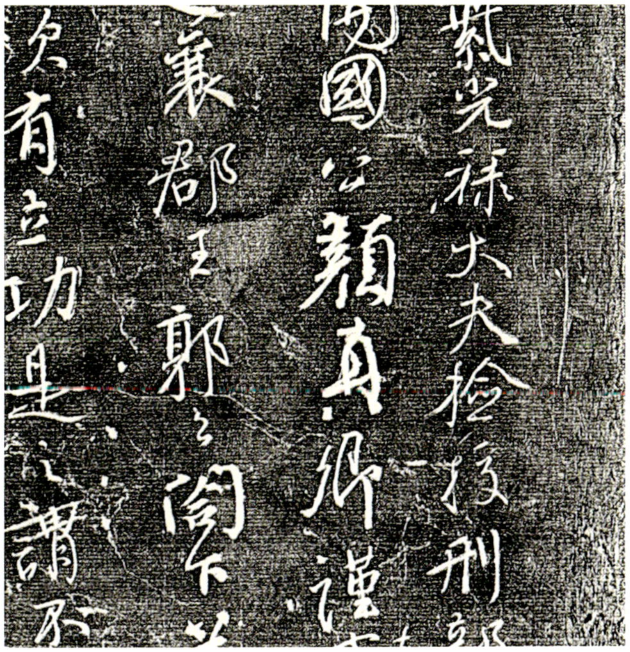

颜真卿《争座位帖》拓片

65.6cm × 106.7cm

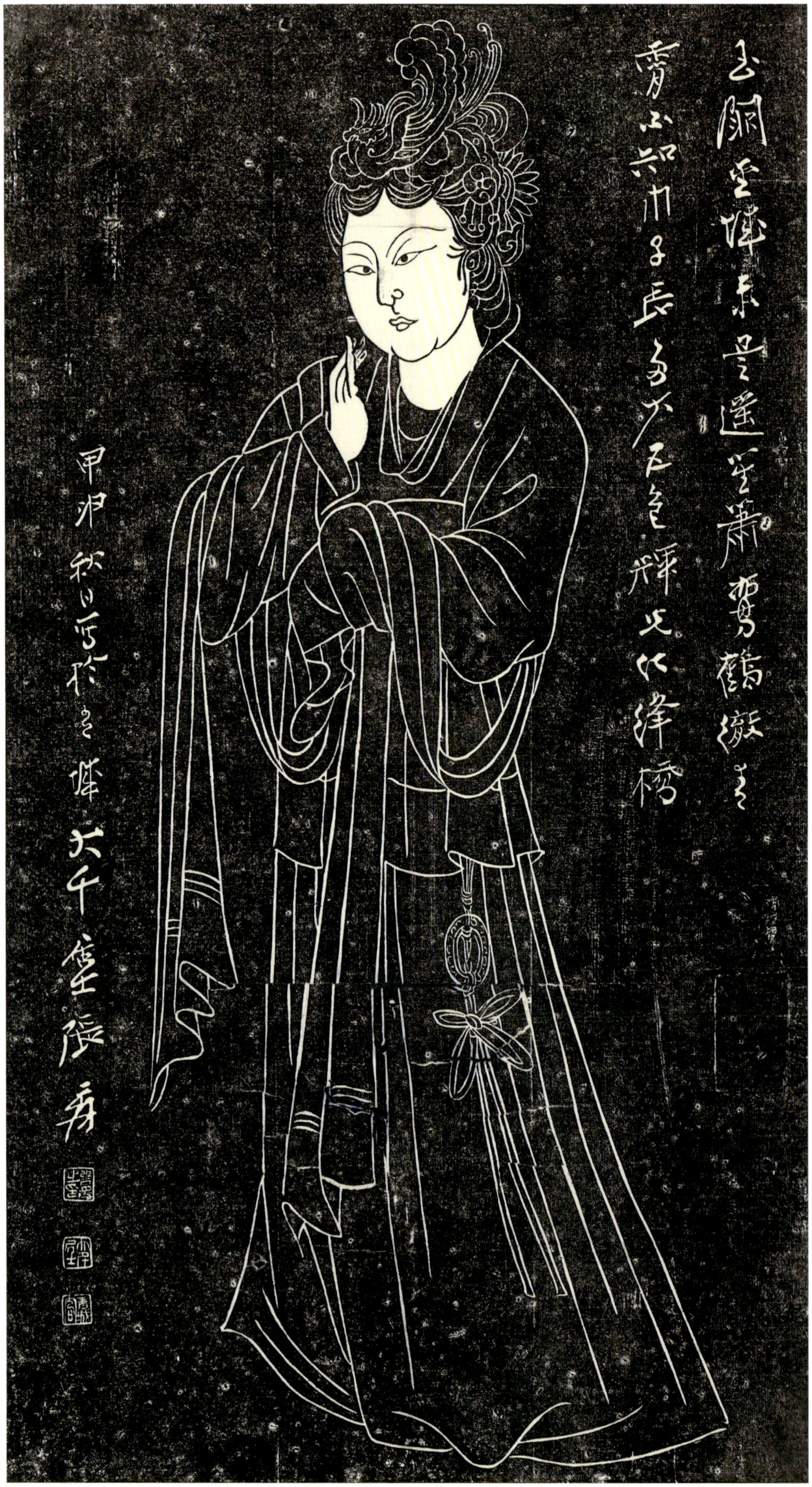

张大千《青城崔生妇》拓片　109cm×64.8cm

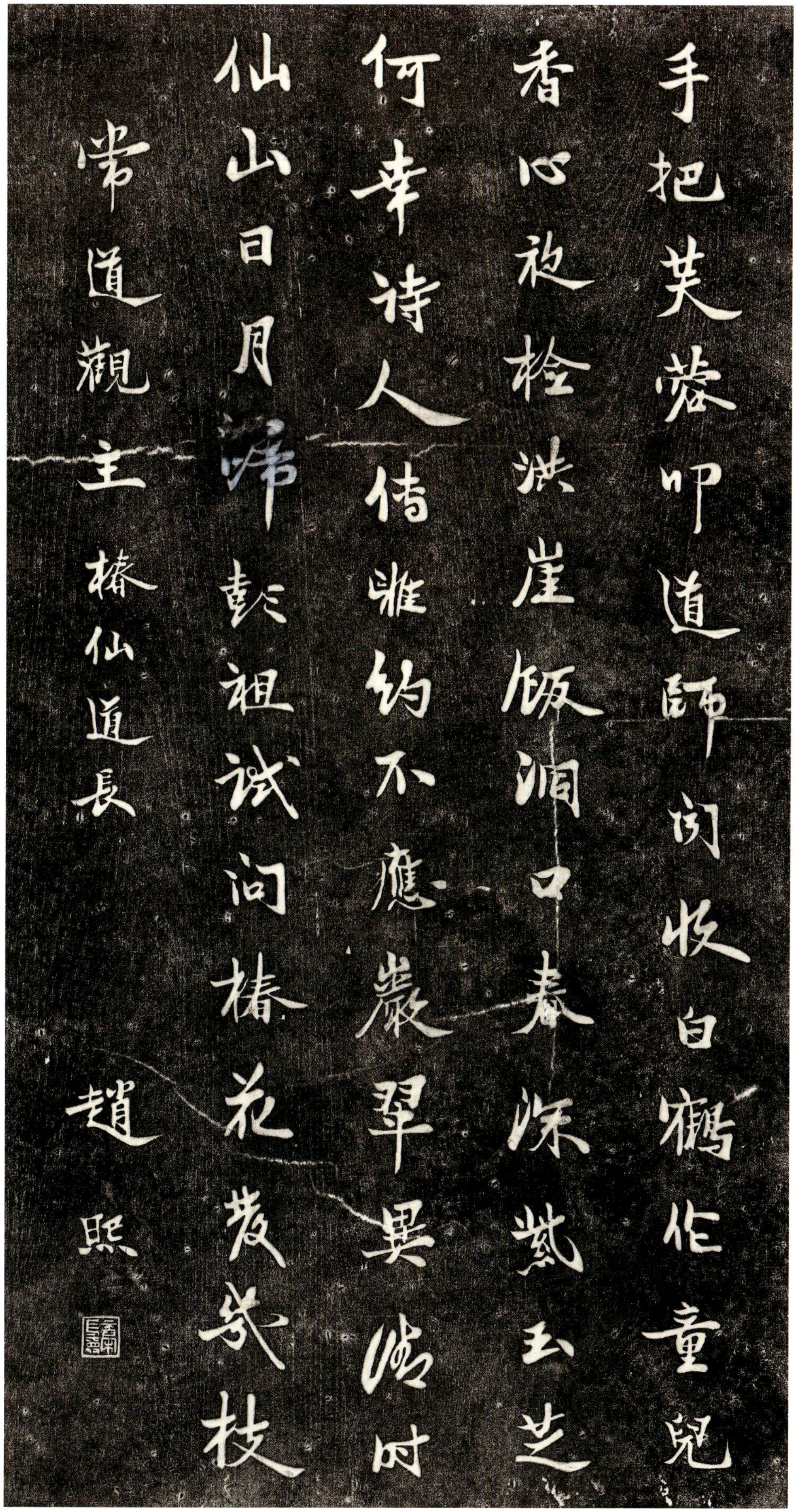

赵熙（清末民国四川大儒）寄刻天师洞拓片　77.2cm × 42.4cm

澂齋庭歐文云
國君姓千秋史
完執真傳
癸卯孟冬月
御題

古稀天子之寶

猶日孜孜

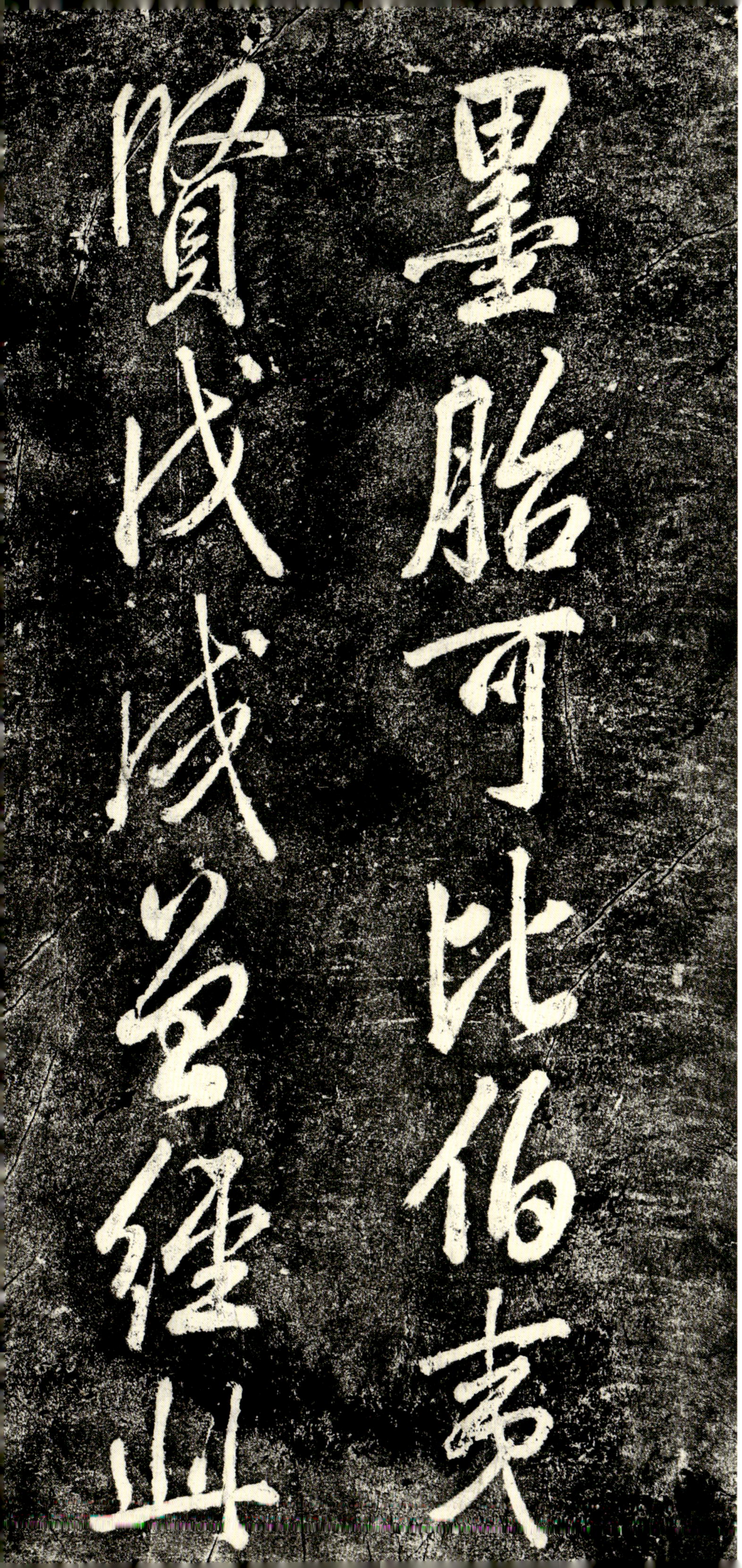

乾隆御题姜女庙拓片　61cm×88.9cm

光緒癸卯予得此石拓于京師與五鳳同物後為孝王刻二
年書尤遒古未遠篆法與朱博殘碑同妙西京梁石得此

汉“五凤四年刻石”
拓片
32.6cm × 67.6cm

大唐西京千福寺多寶佛塔感應碑文 南陽岑勛撰 朝議郎判尚書武部員外郎琅邪顏真卿書 朝散大夫檢校尚書都官郎中東海徐浩題額

粵妙法蓮華諸佛之秘藏也多寶佛塔證經之踴現也發明資乎十力弘建在於四依有禪師法號楚金姓程廣平人也祖父並信著釋門慶歸法胤母高氏久而無妊夜夢
諸佛覺而有娠是生龍象之徵無取熊羆之兆誕彌厥月炳然殊相岐嶷絕於葷茹髫齔不為童遊道樹萌牙聳豫章之楨幹禪池畎澮涵巨海之波濤年甫七歲居然厭俗
自誓出家禮藏探經法華在手宿命潛悟如識金環總持不遺若注瓶水九歲落髮住西京龍興寺從僧籙也進具之年昇座講法頓收珍藏異窮子之疾走直詣寶山無化
城而可息尒後因靜夜持誦至多寶塔品身心泊然如入禪定忽見寶塔宛在目前釋迦分身遍滿空界行勤聖現業淨感深悲生悟中淚下如雨遂布衣一食不出戶庭期
滿六年誓建茲塔既而許王瓘及居士趙崇信女普意善來稽首咸捨珍財禪師以為輯莊嚴之因資爽塏之地利見千福默識於心時千福有懷忍禪師忽於中夜見有一
水發源龍興流注千福清澄泛灩中有方舟又見寶塔自空而下久之乃滅即今建塔處也寺內淨人名法相先於其地復見燈光遠望則明近尋即滅竊以水流開於法性舟
泛表於慈航塔現兆於有成燈明示於無盡非至德精感其孰能與於此及禪師建言雜然歡愜負畚荷插於橐於囊登登憑憑是板是築灑以香水隱以金鎚我能竭誠
工乃用壯禪師每夜於築階所懇志誦經勵精行道眾聞天樂咸嗅異香喜歎之音聖凡相半至天寶元載創構材木肇安相輪禪師理會佛心感通帝
夢七月十三日勅內侍趙思侃求諸寶坊驗以所夢入寺見塔禮問禪師聖夢有孚法名惟肖其日賜錢五十萬絹千匹助建修也則知精一之行雖先
天而不違純如之心當後佛之授記昔漢明永平之日大化初流我皇天寶之年寶塔斯建同符千古昭有烈光於時道俗景附檀施山積庀徒度財功百其倍矣至
二載勅中使楊順景宣旨令禪師於花萼樓下迎多寶塔額遂總僧事備法儀宸睠俯臨額書下降又賜絹百匹聖札飛毫動雲龍之氣象
天文掛塔駐日月之光輝至四載塔事將就表請慶齋歸功帝力時僧道四部會逾萬人有五色雲團輔塔頂眾盡瞻覩莫不崩悅大哉觀佛之光利用賓于法王禪
師謂同學曰鵬運滄溟非雲羅之可頓心遊寂滅豈愛網之能加精進法門菩薩以自強不息本期同行復遂宿心鑿井見泥去水不遠鑽木未熱得火何階凡我七僧聿懷
一志晝夜塔下誦持法華香煙不斷經聲遞續炯以為常沒身不替自三載每春秋二時集同行大德四十九人行法華三昧尋奉恩旨許為恒式前後道場所感舍利
凡三千七十粒至六載欲葬舍利預嚴道場又降一百八粒畫普賢變於筆鋒上聯得一十九粒莫不圓體自動浮光瑩然禪師無我觀身了空求法先刺血寫法華經一部
菩薩戒一卷觀普賢行經一卷乃取舍利三千粒盛以石函兼造自身石影跪而戴之同置塔下表至敬也使夫舟遷夜壑無變度門劫筭墨塵永垂貞範又奉為
主上及蒼生寫妙法蓮華經一千部金字三十六部用鎮寶塔又寫一千部散施受持靈應既多具如本傳其載勅內侍吳懷實賜金銅香鑪高一丈五尺奉表陳謝
手詔批云師弘濟之願感達人天莊嚴之心義成因果則法施財施信所宜先也主上握至道之靈符受如來之法印非禪師大慧超悟無以感於宸衷非
主上至聖文明無以鑒於誠願倬彼寶塔為章梵宮經始之功真僧是葺克成之業聖主斯崇尒其為狀也則岳聳蓮披雲垂蓋偃下欻崛以踴地上亭盈而媚空中
晻晻其靜深旁赫赫以弘敞礝碱承陛琅玕綿檻玉瑱居楹銀黃拂戶重簷疊於畫栱反宇環其璧璫坤靈贔屭以負砌天祇儼雅而翊戶或復肩挐摯鳥肘擐脩蛇冠盤巨
龍帽抱猛獸勃如戰色有奭其容窮繪事之筆精選朝英之偈讚若乃開扃鐍窺奧秘二尊分座疑對鷲山千帙發題若觀龍藏金碧炅晃環珮葳蕤至於列三乘分八部聖
徒翕習佛事森羅方寸千名盈尺萬象大身現小廣座能卑須彌之容欻入芥子寶蓋之狀頓覆三千昔衡岳思大禪師以法華三昧傳悟天台智者尒來寂寥罕契真要
法不可以久廢生我禪師克嗣其業繼明二祖相望百年夫其法華之教也開玄關於一念照圓鏡於十方指陰界為妙門驅塵勞為法侶聚沙能成佛道合掌已入聖流三乘
教門揔而歸一八萬法藏我為最雄譬猶滿月麗天螢光列宿山王映海蟻垤群峰嗟乎三界之沉寐久矣佛以法華為木鐸惟我禪師超然深悟其皃也岳瀆之秀冰雪之
姿果脣貝齒蓮目月面望之厲即之溫覩相未言而降伏之心已過半矣同行禪師抱玉飛錫襲衡台之祕躅傳止觀之精義或名高帝選或行密眾師共弘開示之
宗盡契圓常之理門人苾芻如巖靈悟淨真真空法濟等以定慧為文質以戒忍為剛柔含朴玉之光輝等旃檀之圍繞夫發行者因因圓則福廣起因者相相遣則慧深求
無為於有為通解脫於文字舉事徵理含毫強名偈曰

佛有妙法比象蓮華圓頓深入真淨無瑕慧通法界福利恒沙直至寶所俱乘大車其一 於戲上士發行正勤緬想寶塔思弘勝因圓階已就層覆初陳乃昭帝夢福應
天人其二 輪奐斯崇為章淨域真僧草創聖主增飾中座眈眈飛簷翼翼薦臻靈感歸我帝力其三 念彼後學心滯迷封昏衢未曉中道難逢常驚夜枕還懼真龍
不有禪伯誰明大宗其四 大海吞流崇山納壤教門稱頓慈力能廣功起聚沙德成合掌[illegible]無上其五 情塵雖雜性海無漏定養聖胎染生迷鷇斷常起縛空色同謬
薝蔔現前餘香何嗅其六 彤彤法宇繄我四依事該理暢玉粹金輝慧鏡無垢慈燈照微[illegible]歸其七
天寶十一載歲次壬辰四月乙丑朔廿二日戊戌建 勅檢校塔使正議[illegible]品 判官內府丞車沖 檢校僧義方 河南史華刻

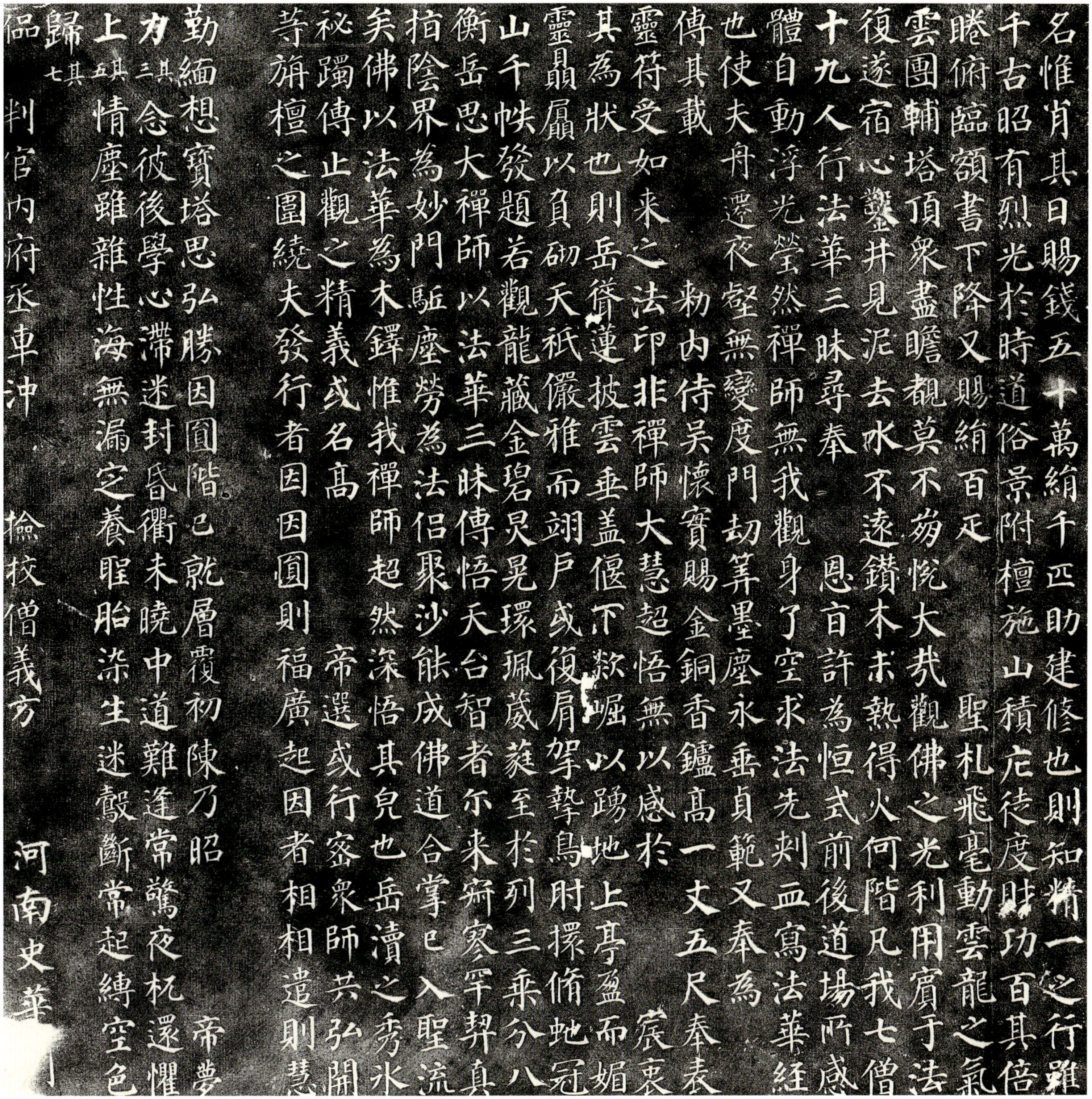

《多宝塔碑》拓片　193.75cm × 93.34cm

古人須識權輿墓頎老翁井白雲藏境
廣霖香此處總含柏森森庭除
東坡與子由雙鳳高其翔同時富豪俊人能
鷹行文章合氣御國為百世望乃其浩蕩懷

語坡詩怨被翁訶責
老泉平生學精力萃禮書幾權經史論詞筆
乃緒餘哉傳哉不傳有華不華歟譬若汶江源
萬象咸包儲坡領揚其波汪洋赴歸墟顧告

登州看雲海嶺外借笠屐春風西湖隄大雪鄧
州驛坡仙舊遊處一一我留跡微尚已半生詩文
書竹石誰期抄數行獲近齋木宅父子共一堂
森然動吾魄想見名二子郲前授書策不敢

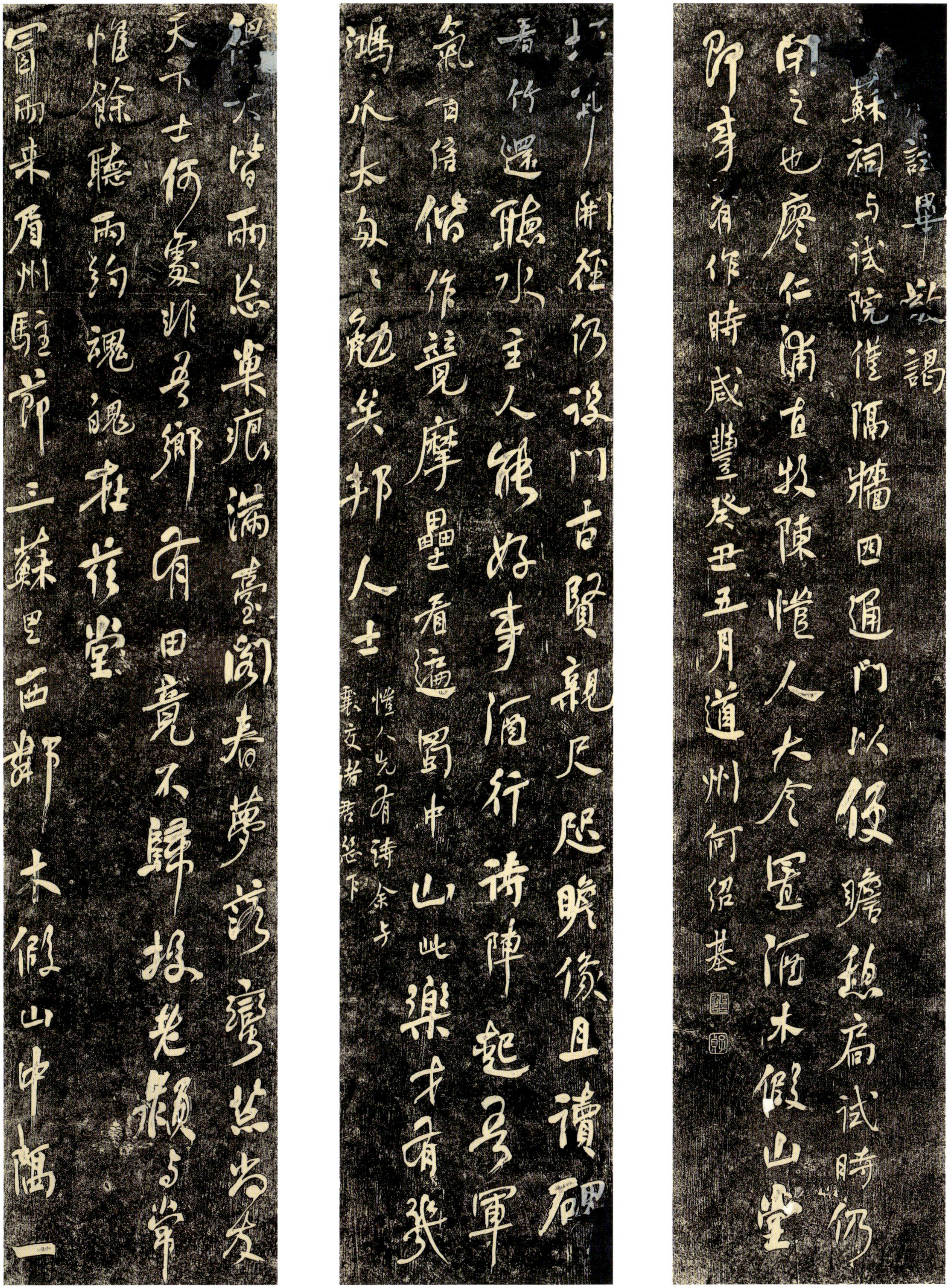

三苏祠何绍基六条屏
拓片
156.8cm × 38.6cm × 6

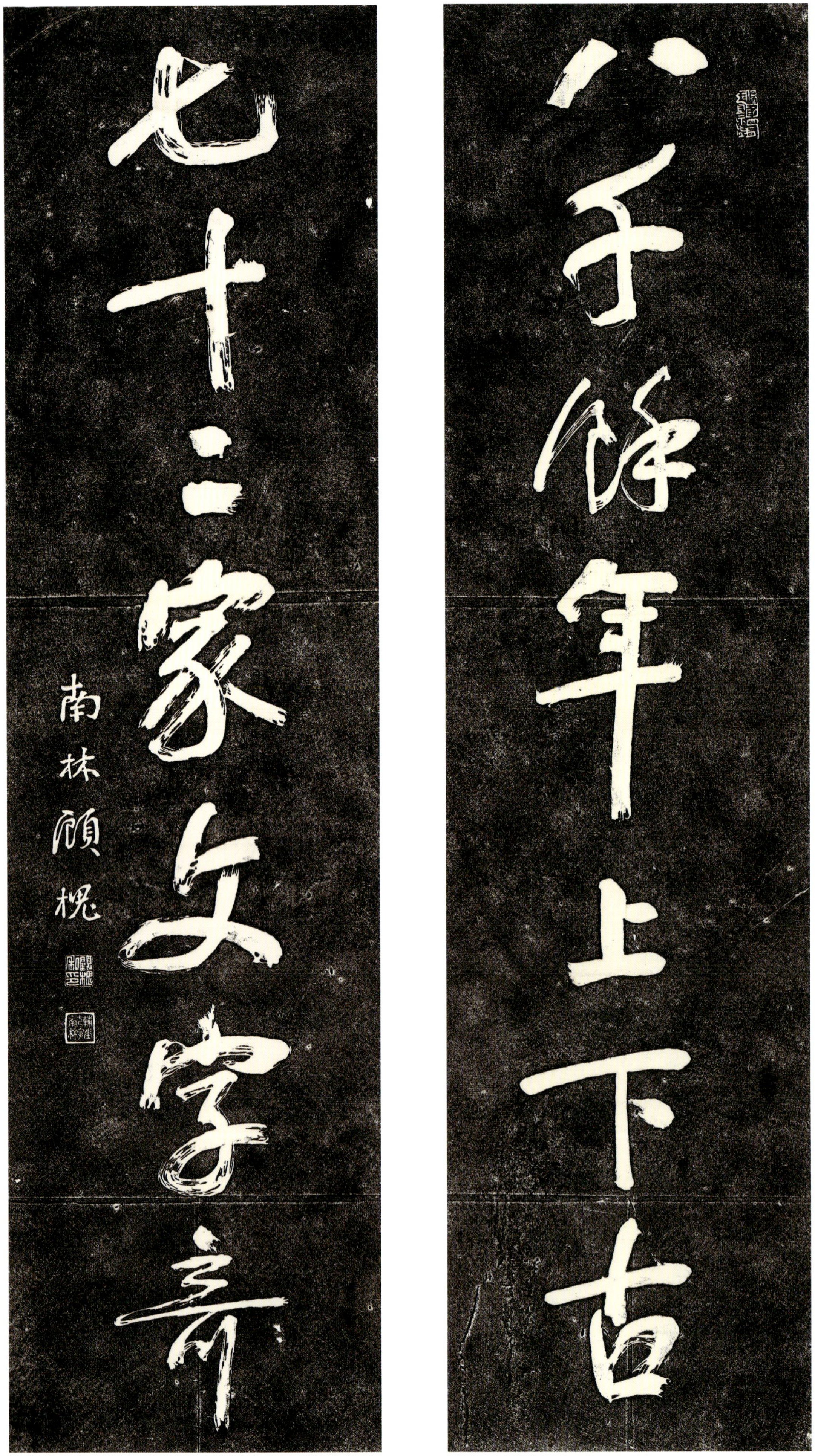

南林顾槐题河南南阳武侯祠拓片
117.7cm × 32.9cm × 2

天师图拓片　84cm×51.5cm

云阳观音像拓片

58.7cm × 35cm

《圣教序》拓片
217.5cm × 92.4cm

兴福寺半截碑拓片　72.5cm×92.4cm

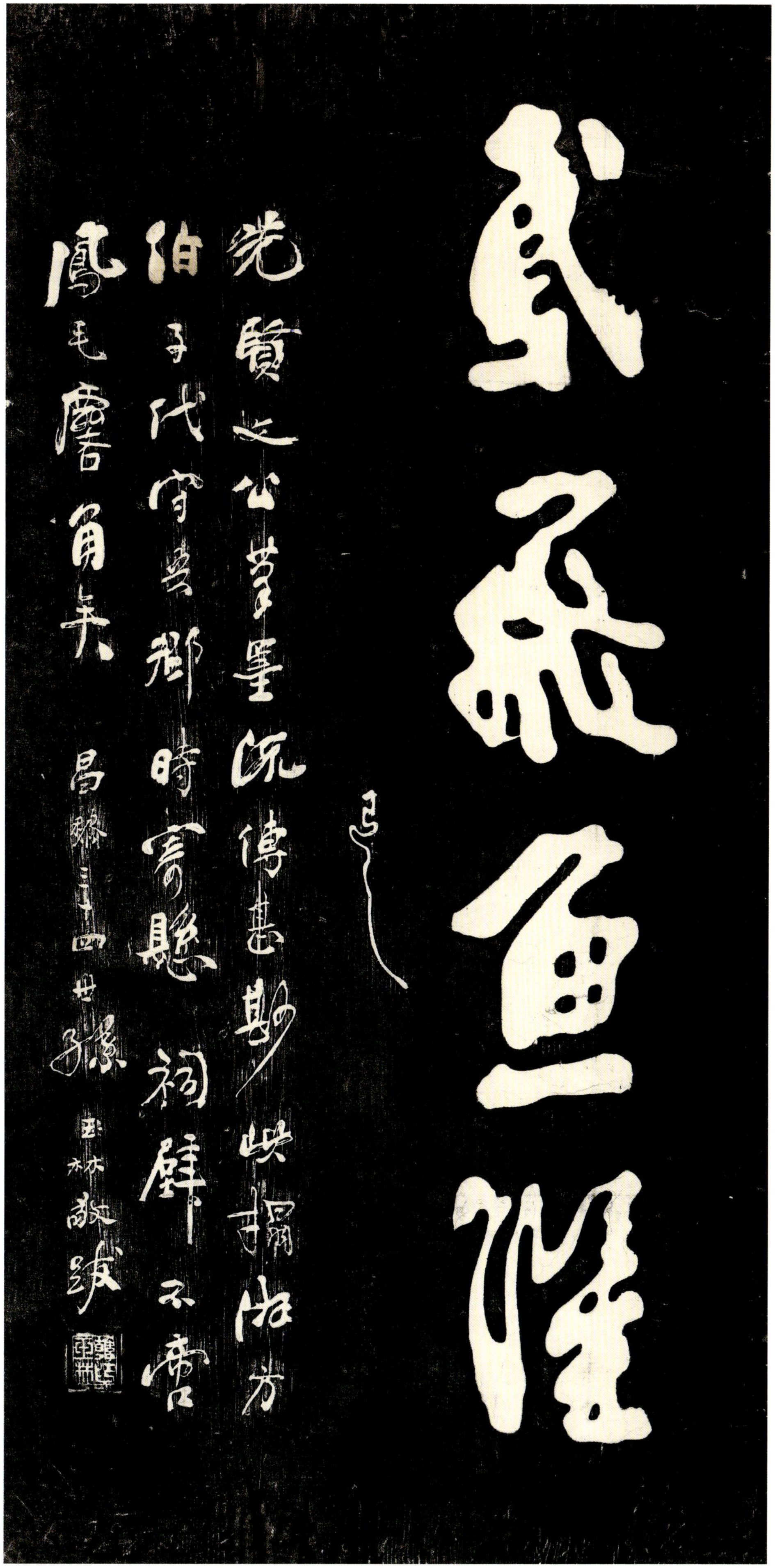

韩玉林书“鸢飞鱼跃”拓片
130cm×68cm

畢業證書
學生葉秉六係四川省
現年貳拾肆歲在本校大學
修滿規定學程考核成績及格
北平私立中國大學校
副校
教務主
中華民國十七年十月

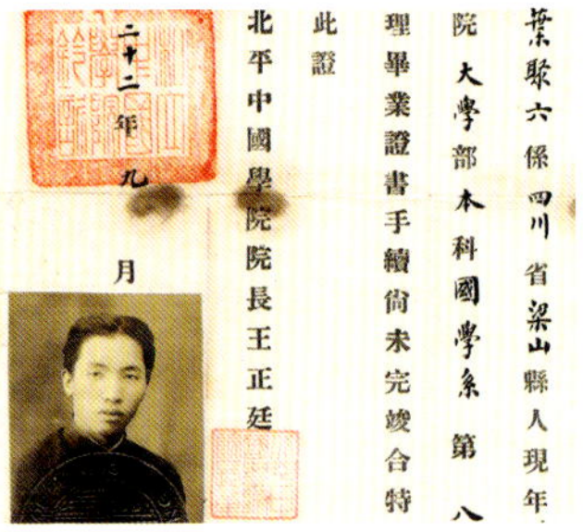

葉秉六係四川省梁山縣人現年
院大學部本科國學系第八
理畢業證書手續尚未完竣合特
此證
北平中國學院院長王正廷
二十二年九月

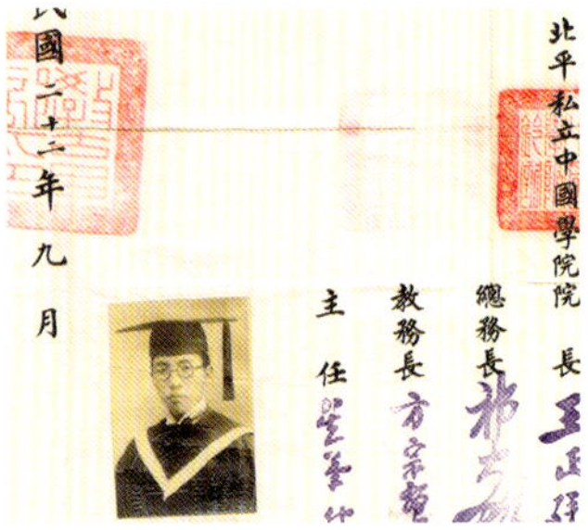

北平私立中國學院院長
總務長
教務長
主任
民國二十二年九月

中學
師範學校 教員檢定合格證書
該檢定葉秉六
國文科教員有效期間爲六年此證
王纘緒
蔣志澄
中華民國二十七年五月日

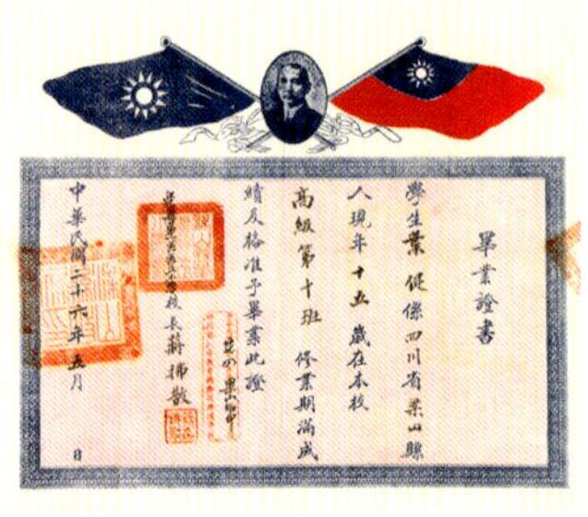

畢業證書
學生葉健傑四川省梁山縣
人現年十五歲在本校
高級第十班修業期滿成
績及格准予畢業此證
校長蔣排敦
中華民國二十六年五月

第五辑

证书

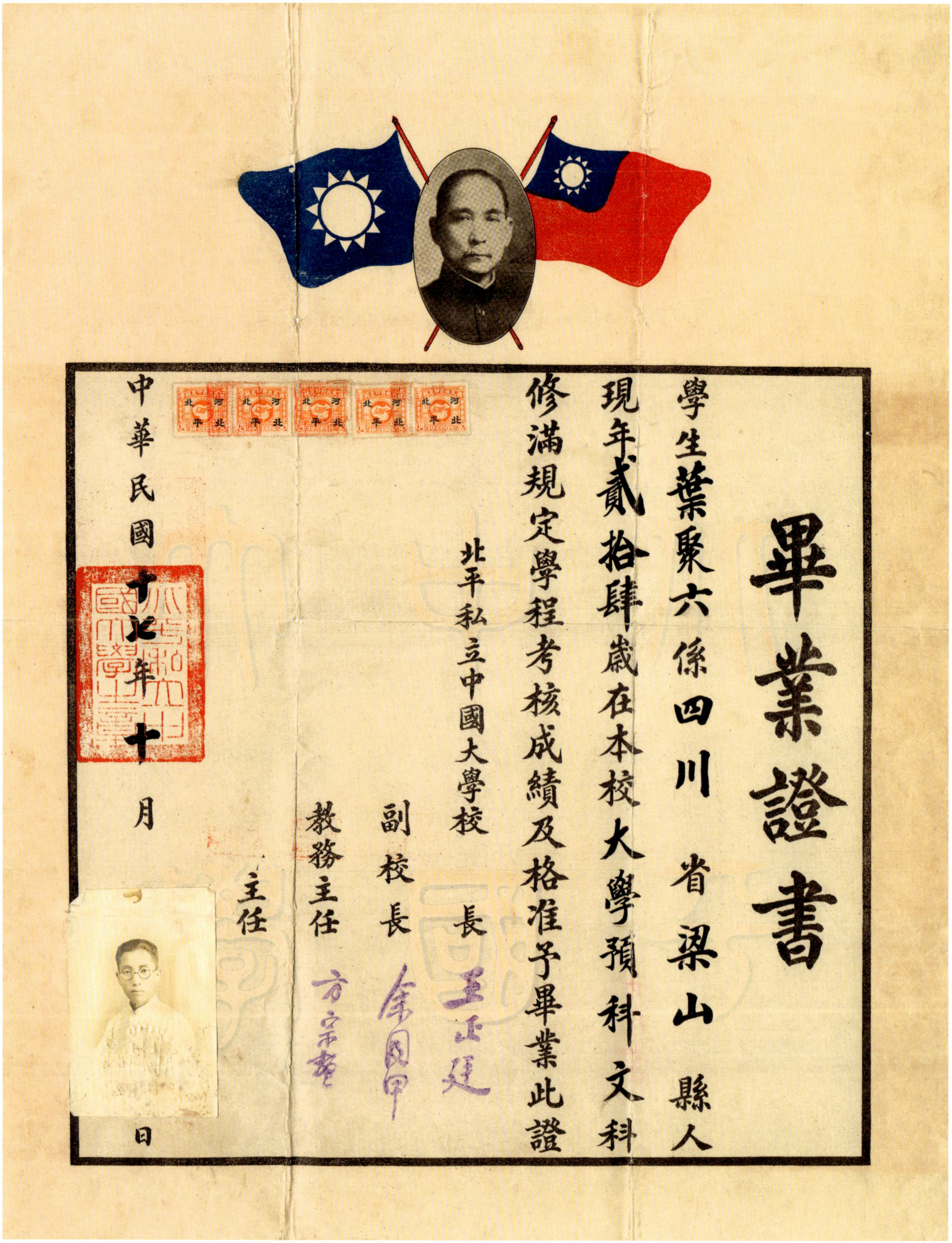
畢業證書

學生葉聚六係四川省梁山縣人
現年貳拾肆歲在本校大學預科文科
修滿規定學程考核成績及格准予畢業此證

北平私立中國大學校長 王正廷
副校長
教務主任
主任

中華民國十七年十月 日

1928 年 10 月，叶聚六在北平私立中国大学的预科毕业证书

“北平私立中国大学之章”

“国民政府印花税票”

畢業證明書

茲有學生葉聚六係四川省梁山縣人現年貳拾玖歲在本學院大學部本科國學系第八班畢業惟因辦理畢業證書手續尚未完竣合特先行發給證明書此證

北平中國學院院長王正廷

中華民國二十二年九月　日

1933 年 9 月，叶聚六在北平中国学院的本科毕业证明书

“私立中国学院钤记”

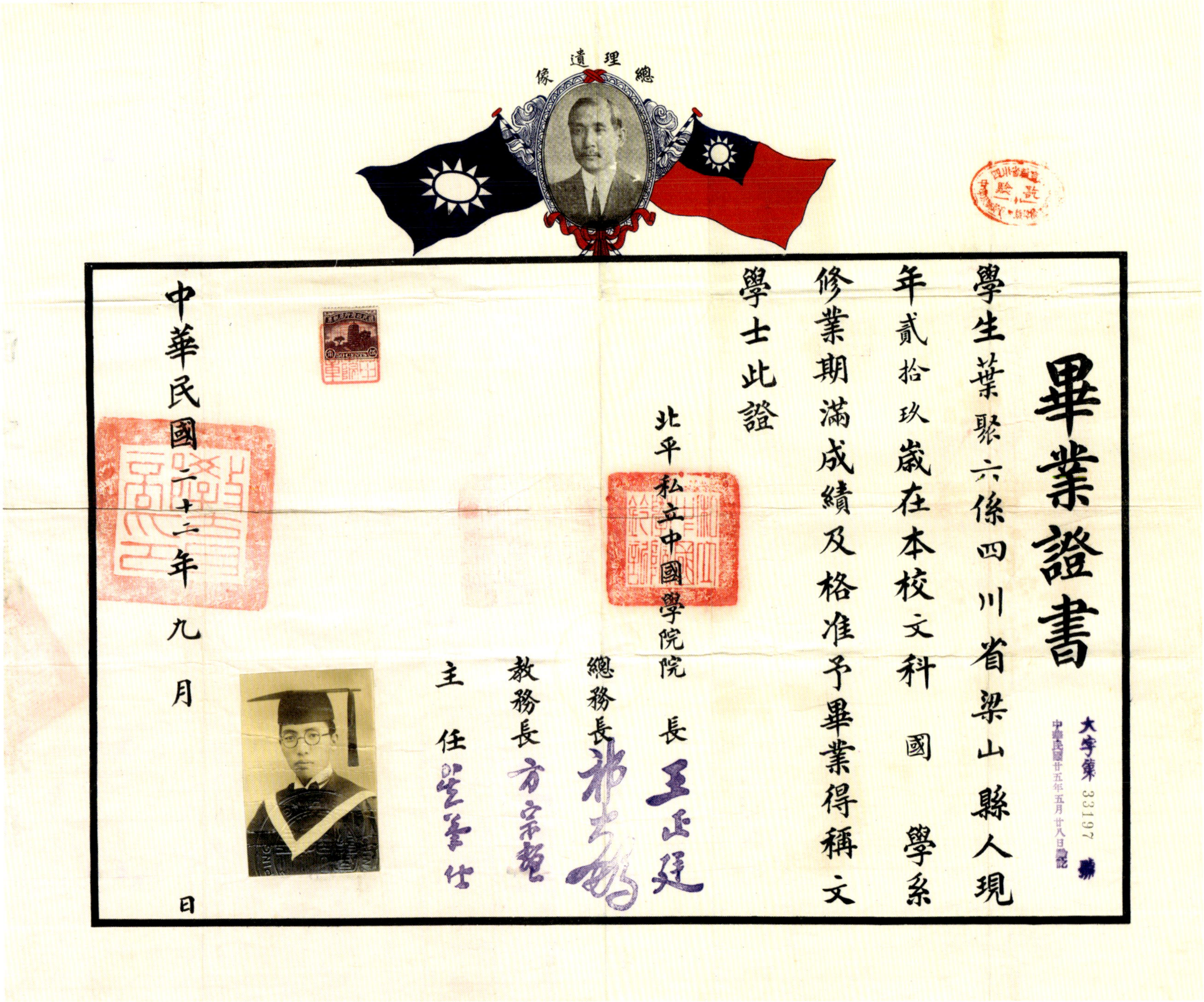
總理遺像
畢業證書
學生葉聚六係四川省梁山縣人現年貳拾玖歲在本校文科國學系修業期滿成績及格准予畢業得稱文學士此證
北平私立中國學院院長
總務長
教務長
主任
中華民國二十二年九月日

1933 年 9 月，叶聚六在北平私立中国学院的毕业证书

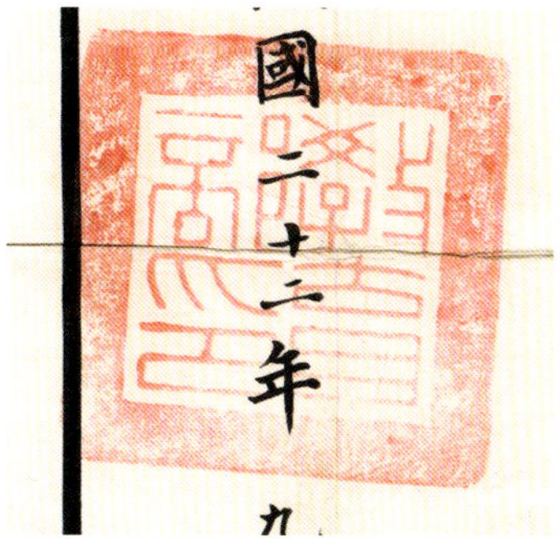

“教育部印”

“私立中国学院钤记”

“私立中国学院之章”

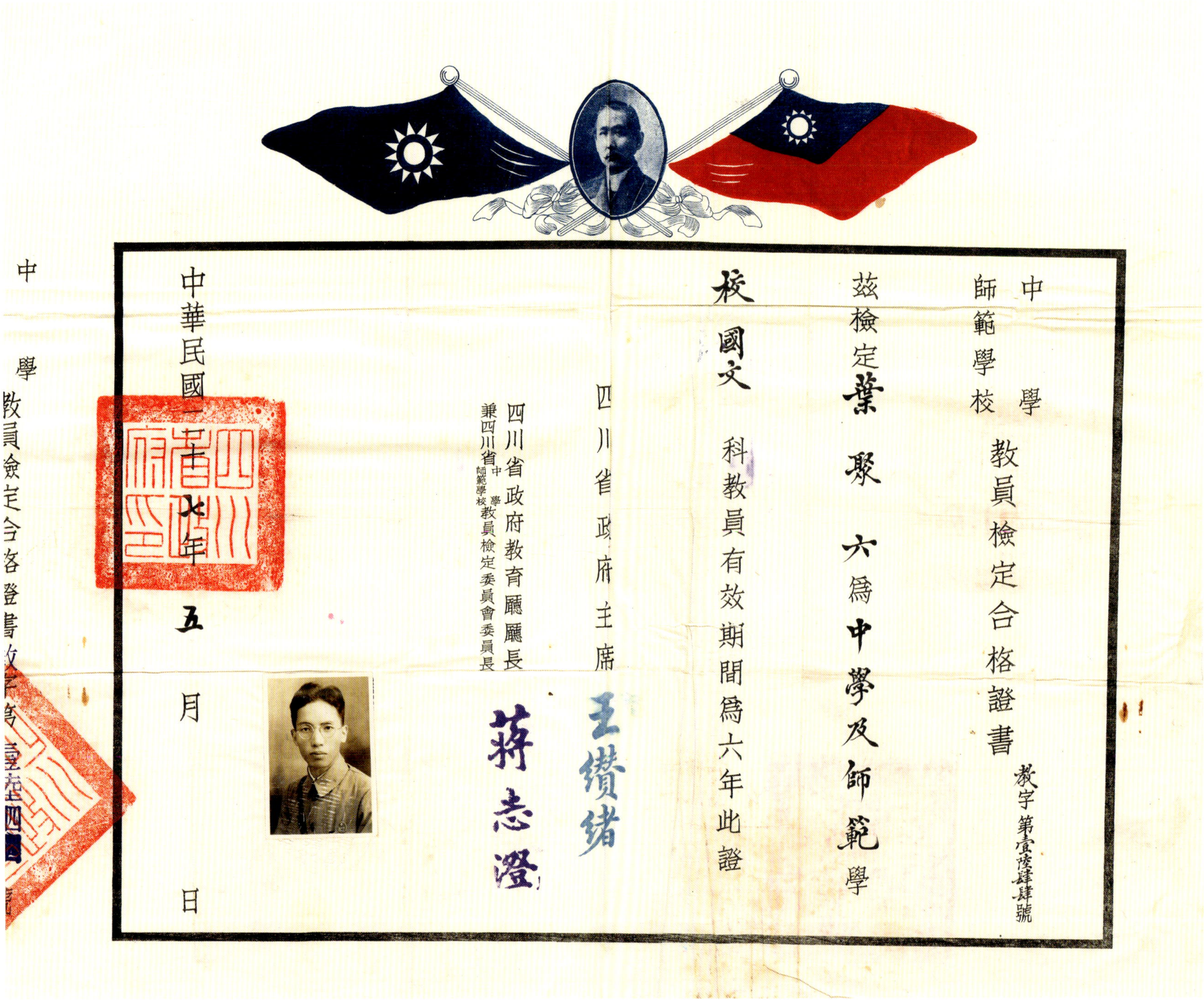

1938 年 5 月，叶聚六获取的中学及师范学校教师资格证书

“四川省政府印”

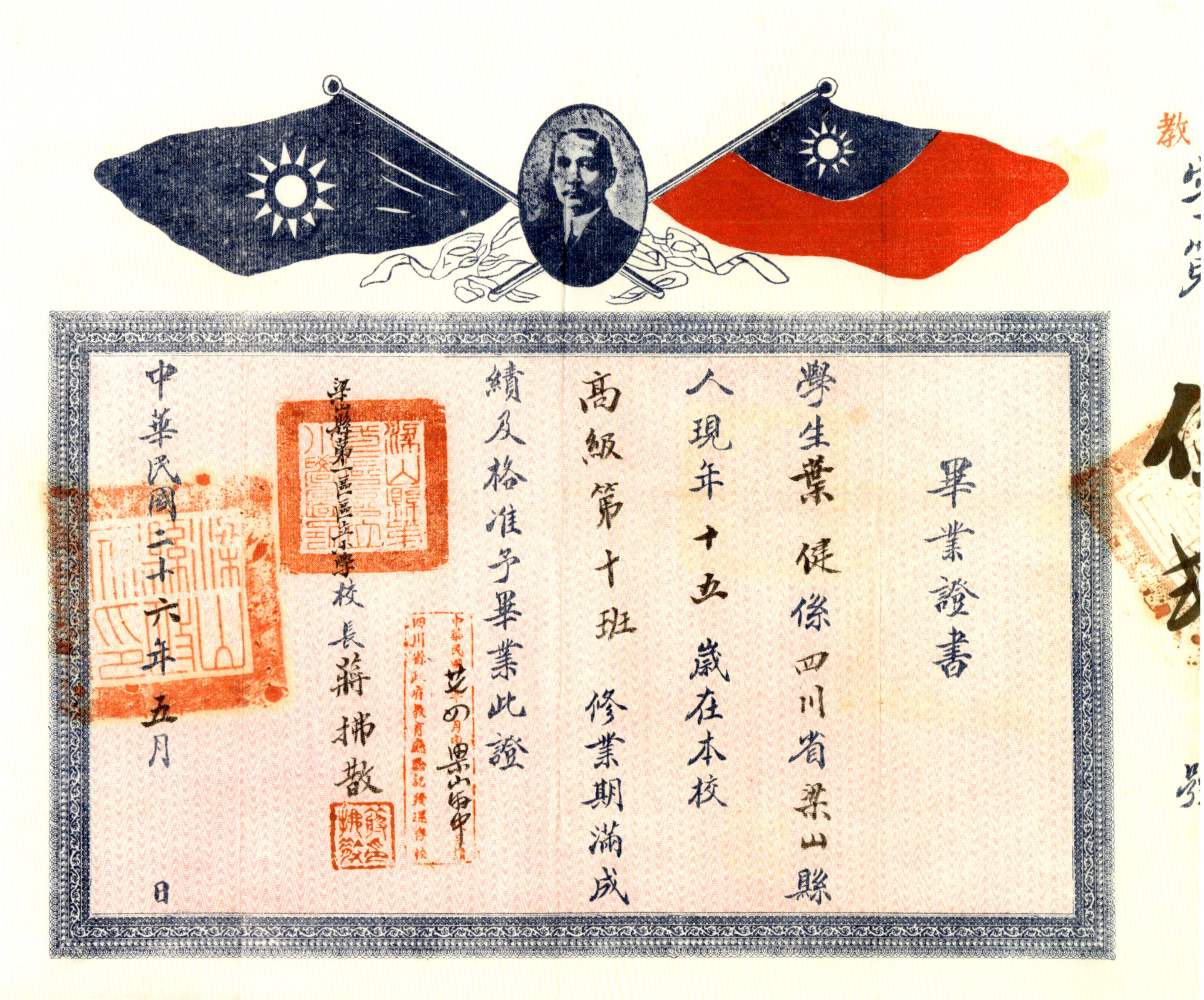
畢業證書
學生葉健係四川省梁山縣人現年十五歲在本校
高級第十班修業期滿成
績及格准予畢業此證
梁山縣第一區區立小學校長蔣拂散
中華民國二十六年五月日

1937 年 5 月，叶聚六儿子叶健在梁山县小学高级班毕业证书

“梁山县政府印”

“梁山县第一区区立小学图记”

“蒋拂散印”

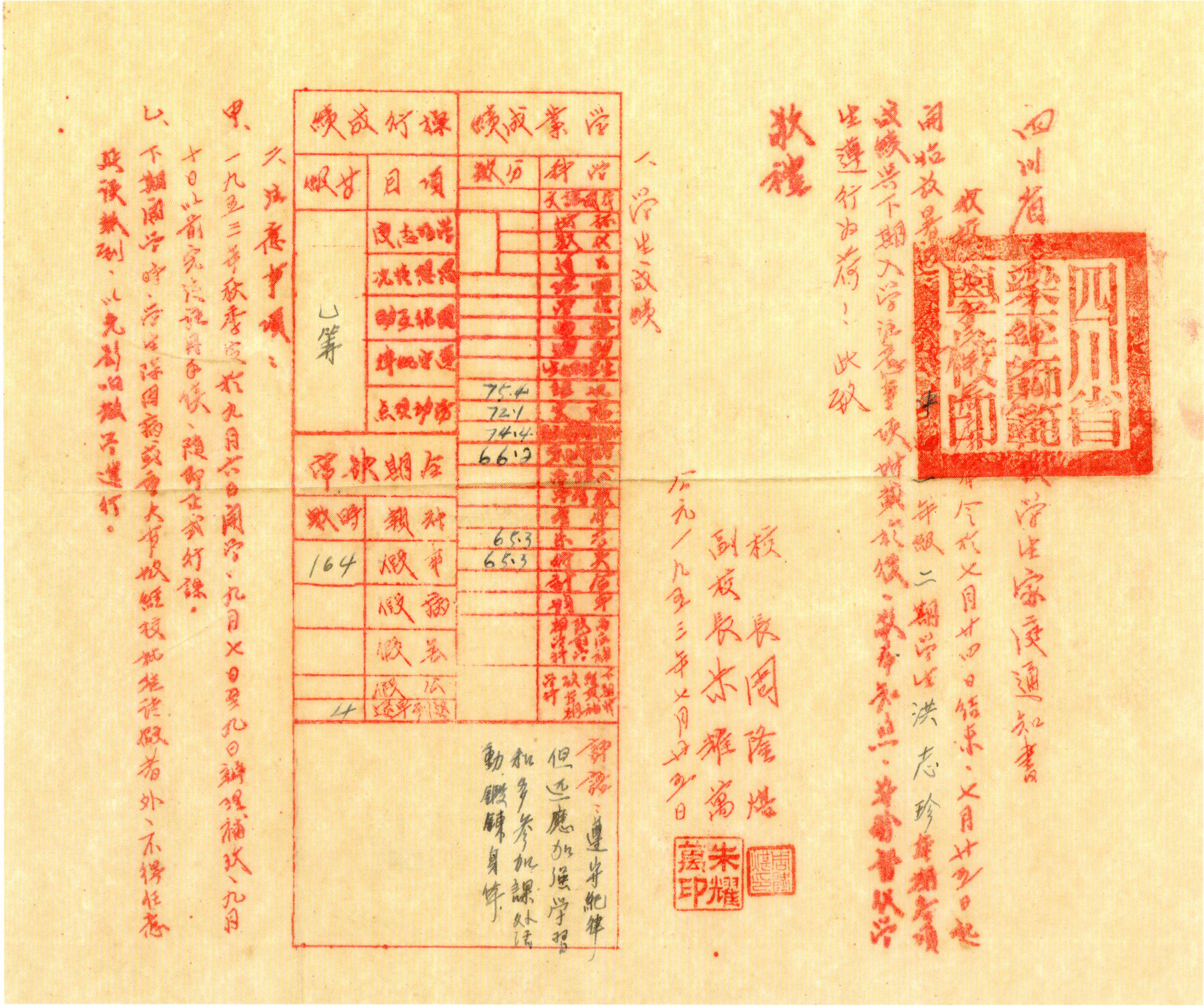

四川省梁平师范学校学生家庭通知书

一、学生成绩

乙等

75.4
72.1
74.4
66.3
65.3
65.3
164

二、注意事项：

甲、一九五三年秋季定於九月六日開学，九月七日至九日注册、補考，九月十日以前完成注册手续，随即正式行課。

乙、下期開学时，学生除因病或重大事故經校批准請假者外，不得任意延誤報到，以免影响課程進行。

敬禮

校長 周隆煜

副校長 朱耀嵩

一九五三年七月廿五日

1953年7月，叶聚六儿媳洪志珍在梁平师范学校成绩单

“周隆煁印”“朱耀万印”

“四川省梁平师范学校印”

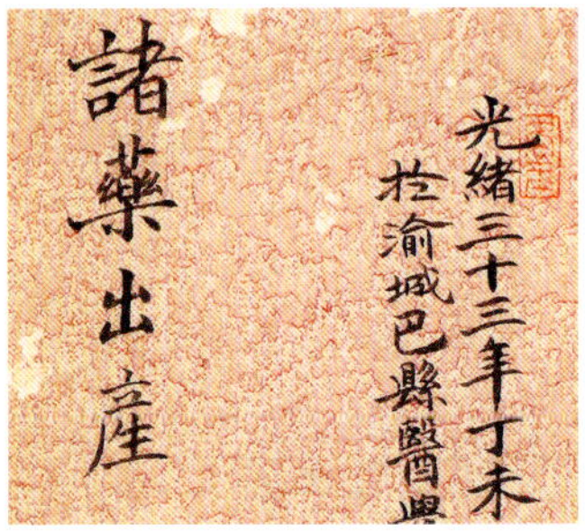
光緒三十三年丁未
於渝城巴縣醫
諸藥出産

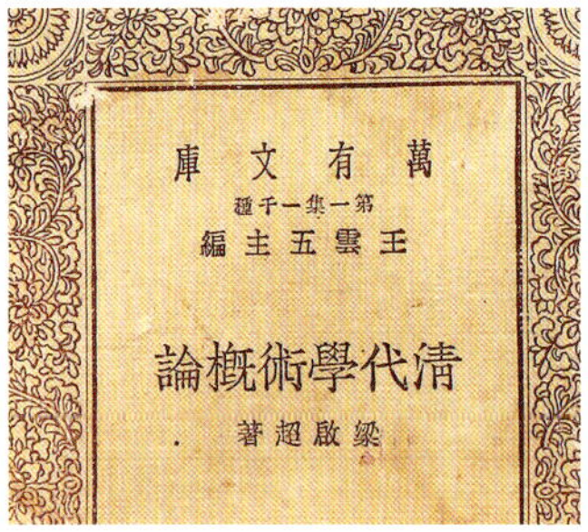
萬有文庫
第一集一千種
王雲五主編
清代學術概論
梁啟超著

三國志
上册

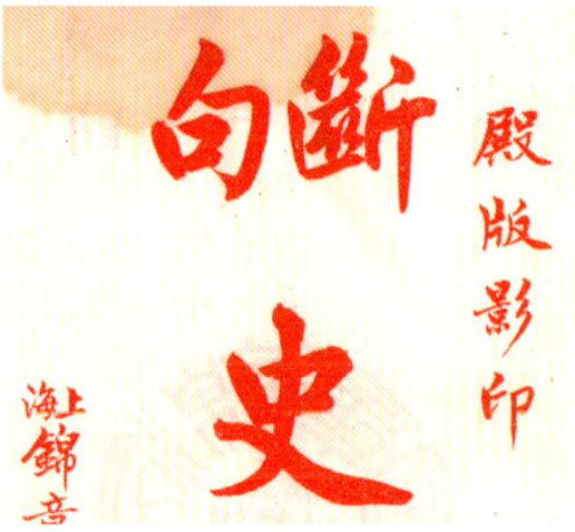
斷句
史
殿版影印

第六辑

书 刊

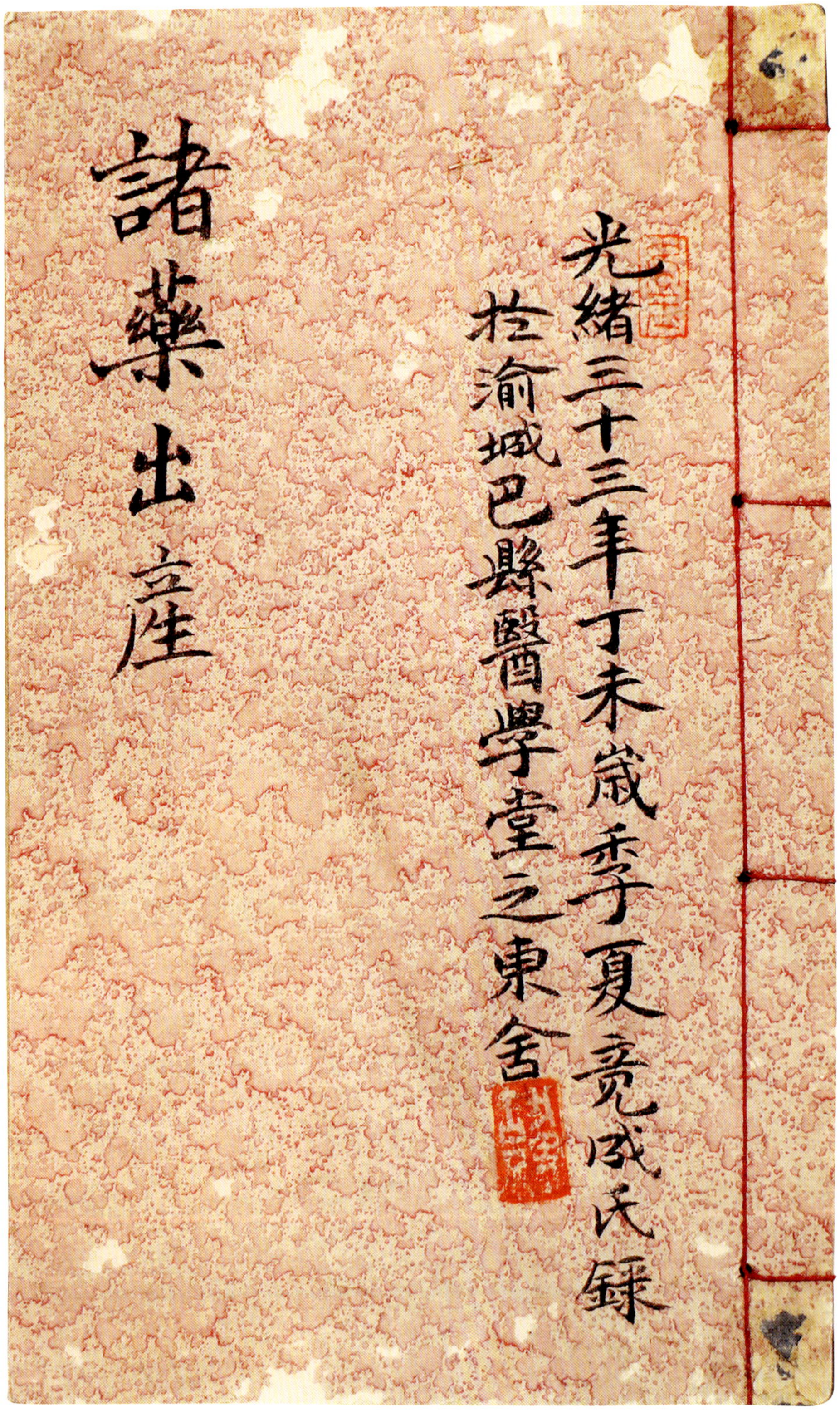
諸藥出產
光緒三十三年丁未歲季夏竟成氏録
於渝城巴縣醫學堂之東舍

1907 年手录《诸药出产》

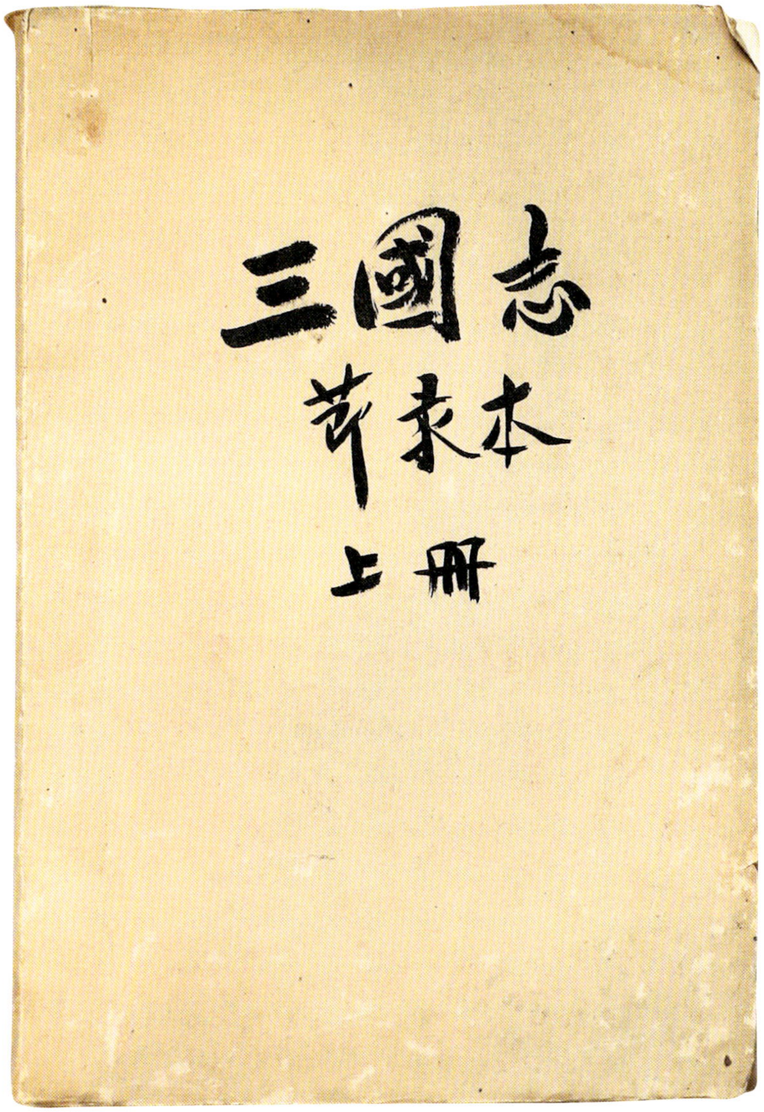

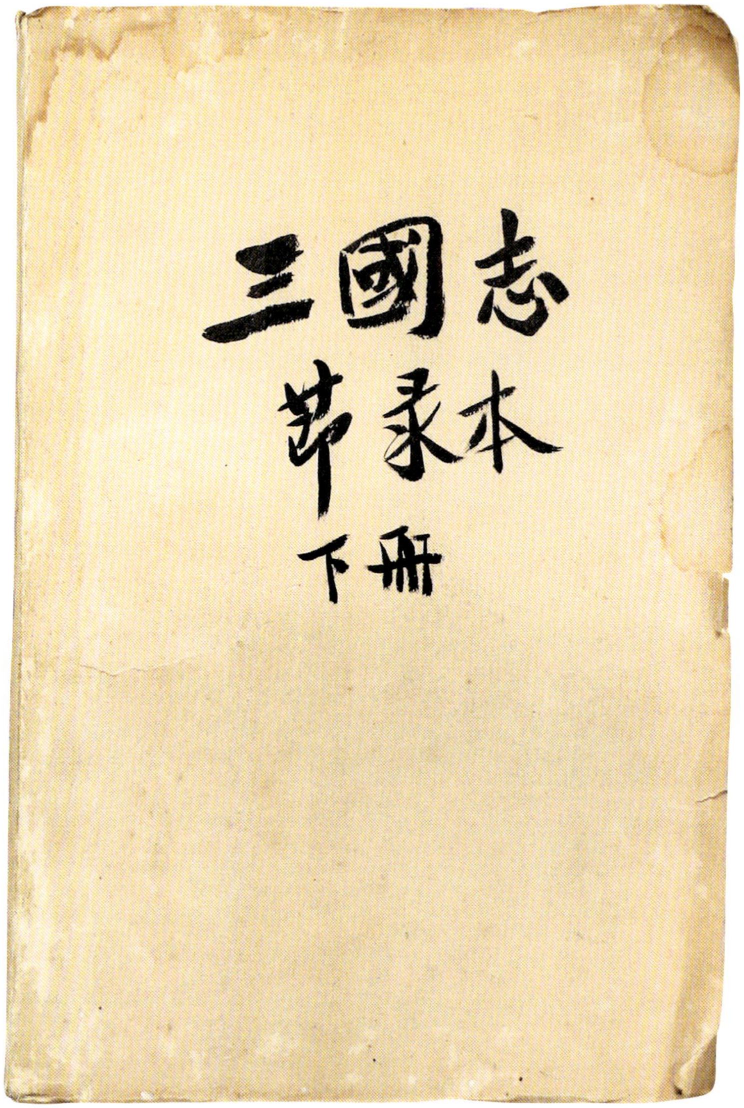

叶聚六手抄《三国志》（节录本）一套两册

叶聚六所购梁启超《清代学术概论》

清代學術概論
梁啟超著
國學基本叢書
（原共學社叢書）
萬有文庫
第一集一千種
總編纂者
王雲五
商務印書館發行

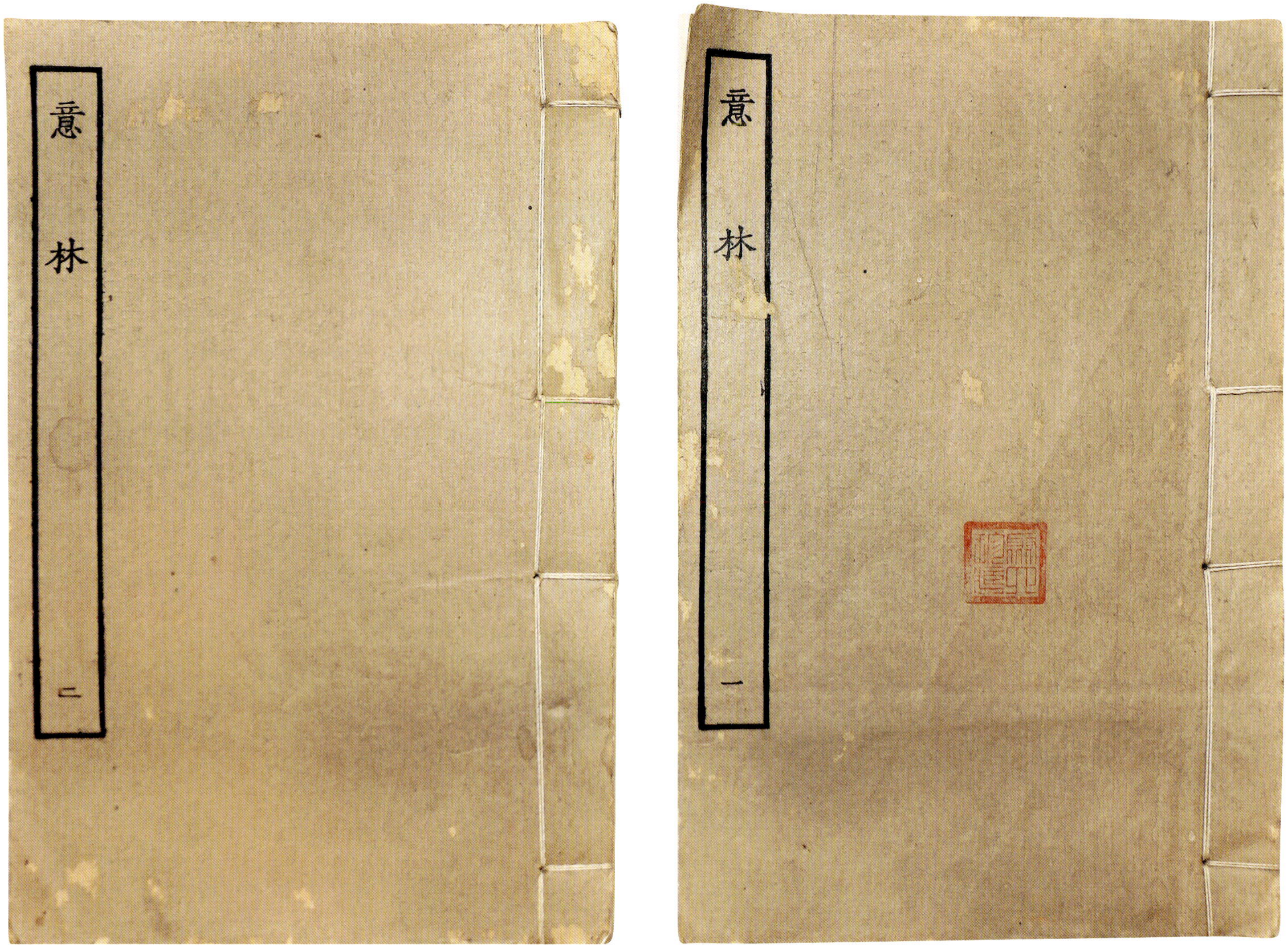

上海涵芬楼影印英武殿聚珍版《意林》一套两册

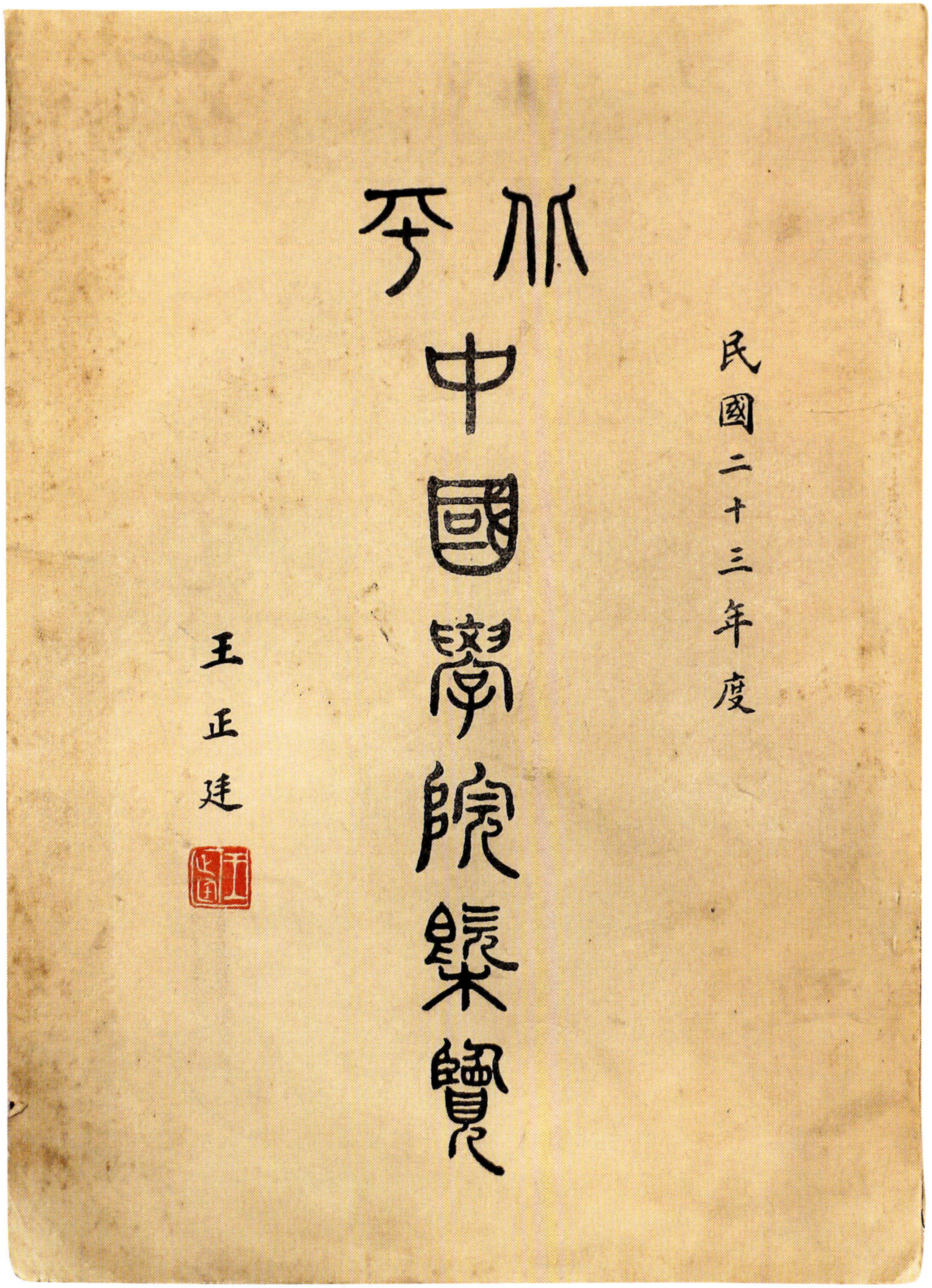

民国二十三年度（1934）《北平中国学院概览》一套两册

上海锦章图书局《史记》全 19 册

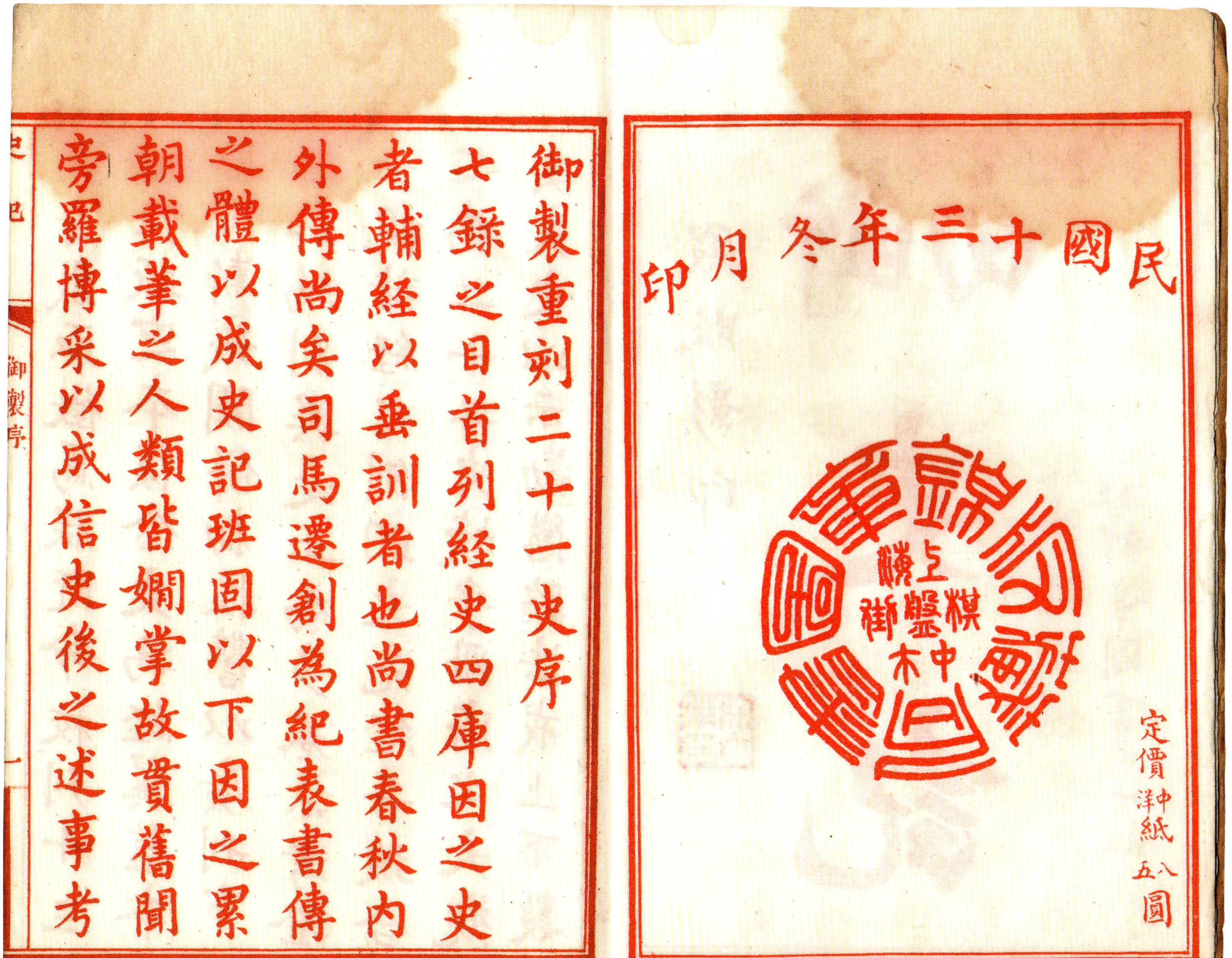

民國十三年冬月印

定價 中紙八圓 洋紙五圓

御製重刻二十一史序

七錄之目首列經史四庫因之史者輔經以垂訓者也尚書春秋內外傳尚矣司馬遷創為紀表書傳之體以成史記班固以下因之累朝載筆之人類皆嫺掌故貫舊聞旁羅博采以成信史後之述事考

史記　御製序　一

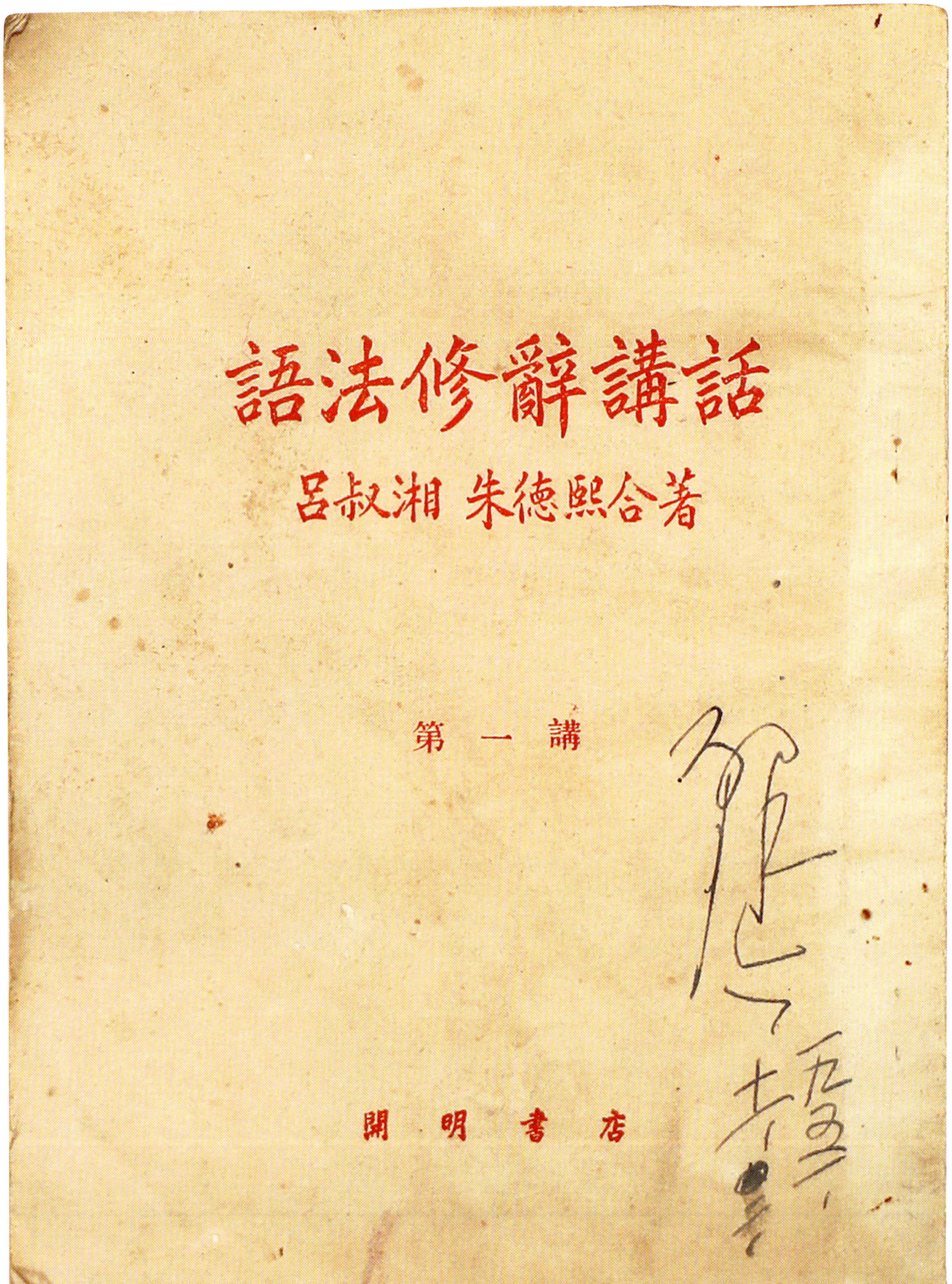

吕叔湘、朱德熙合著《语法修辞讲话》

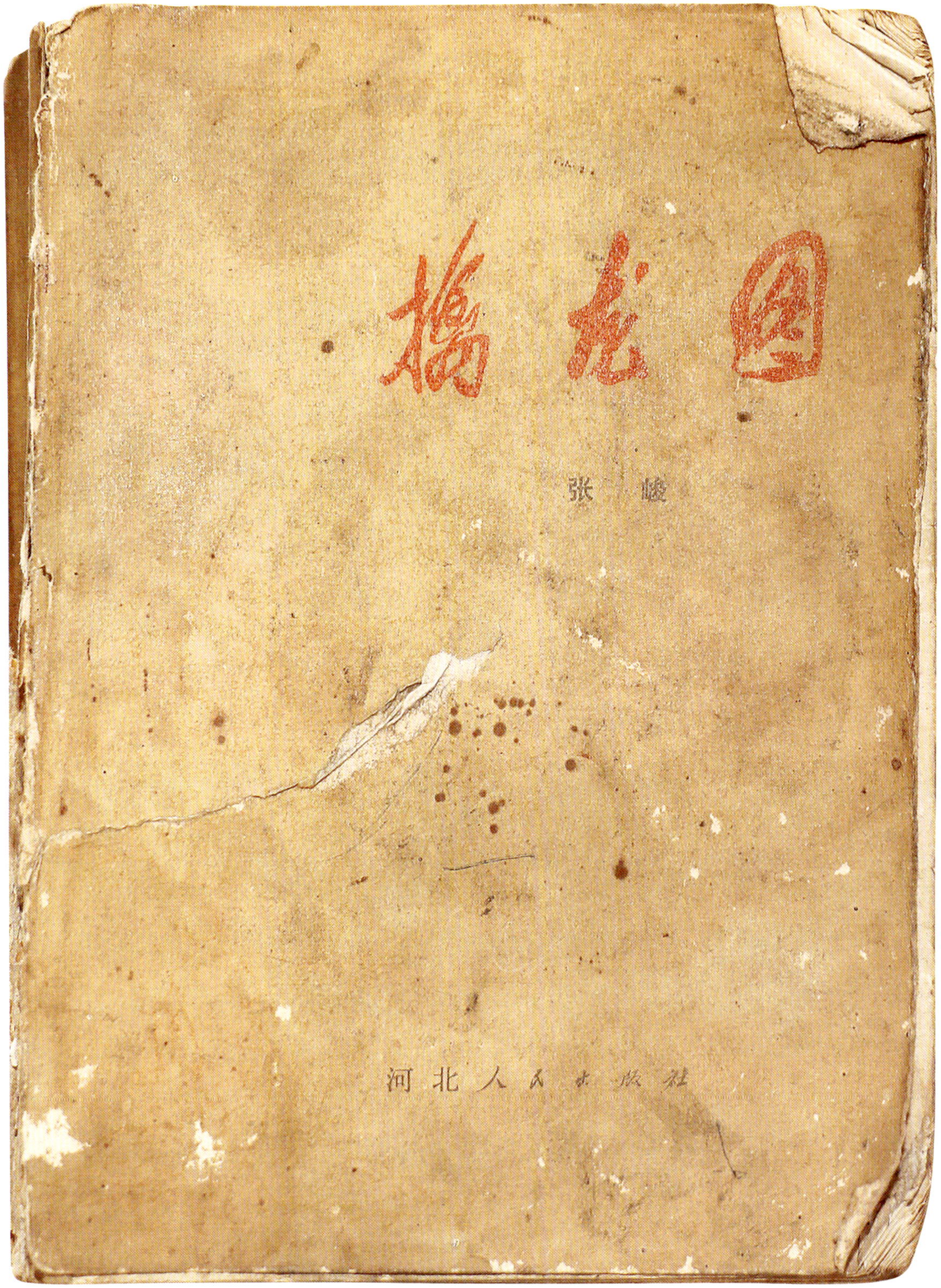

张峻《擒龙图》

明信片——花桥洞口

明信片——斗鸡山

明信片——白龙洞

明信片——白鹤洞

明信片——北京颐和园

明信片——山海关长城

明信片——武汉长江大桥

明信片——重庆市人民大礼堂。原名西南行政大礼堂

時代
特載
女作家廬隱的血淚遺書
八卷十期 每册二角
中華民國二十四年十一月五日出版
中華郵政特准掛號認為新聞紙類
全運健兒爭看時代

《时代》刊影

記莫干山的三景

李青崖

留戀忘返的遊客

在許多游過雲南的滇池的，或者游過端士的勒芒湖的人的口裏，西湖每每被他們稱爲盆景式的湖山，我想倘若西湖果眞是盆景式的湖山，那末莫干山就是盆景式的山岳了！不過，盆景儘管是盆景，而中國歷來的盆景，大的常常也得十多個人才能舁得起來，決不全像上海秋天常見的那種種着一棵披在枯松枝上的文菊的碗口大的小盆兒，所以盆景在中國，也一像和「非盆景」的東西，各有各的偉大氣象。明白了這幾句廢話，我們就可以談莫干山了。

(一)記雲海

談到雲，我們這些住在城裏的人，已經感到有神秘的意味，何況乎以雲而成海！所以這次我在到了莫干山之後，瞻仰（實在是俯瞰）雲海這件事，也就列入了心上的日程；誰知這却是一件極便當的事！我的居停，是川沙顧蘭洲丈，他那所全用灰黑色石材造成的石屋，正在莫干西側的極峯塔山；山的高度約在二千尺光景，在晴朗的時候，可以遙望西天目的諸峯，可以遙望錢塘江的水光，可以遙望方升的曉日；而山下丘陵坑谷的錯綜，儘管沒有甚麽石岩飛瀑，然而俯瞰下去也叫人有點兒腿酸：有了這種種條件所以要看莫干的雲海，在顧氏石屋裏不過是選擇時間和走一半里路的問題了。

我從八月二十一日起，一連看了三天。每天從五點左右出門，繞到石屋西面的一個峯頭上等候天明，來觀察太空的變化。說到太空，這名詞畢竟不免誇大了一點，因爲實際上，這時候的雲，天明以後的雲，是從我們脚下面起來的，所以我們橫望過去的空中却反而算得明淨，不過俯瞰就不然了！白茫茫的一片，只有西首一帶的西天目諸峯，在這白茫茫的一片中間，露出了烏黑的一抹，而近處的丘陵坑谷，完全蓋在這白茫茫的一片的下頭。我說「一片」這兩個字眞不足以形容這種成了海的雲，因爲牠不僅有濃淡和凸凹的不同，並且不斷地發生瞬間的變幻，所以牠是立體的，是有波動的…………雖然不像海水那樣澎湃成聲，可是單就視官而論，這片白茫茫的雲，的的確確是一座海…………

日光的力量，漸漸一步一步地傳過來，這雲海的「水平」也漸漸一步一步落下去，然而「落下去」這三個字，却是和事實背馳的錯覺！因爲我們只要找到一個山曲，就可以發見那雪白的雲頭，是伴着山曲慢慢地上升，並且由上升再慢慢地展爲稀薄的水蒸氣樣的疎影，以至於再慢慢地化爲烏有。所以若是日光裏挾著一點兒曉風，往往不到半點鐘，這雲海就幾乎全部枯竭了。

隨園所謂「渾成一片，春山拳露角尖，類古盤凝脂中有筍脯疊現狀。俄而離散，則萬峯簇簇，仍還原形」。在這裏也彷彿得其神似；不過莫干的氣概，沒有黃山那樣偉大而已。

(二)記劍池的瀑布

劍池在莫干前山的主谷的半山上，凡是應入主谷的水，先在這個半山的上面匯成瀑布奔入劍池，再由劍池騰出直掛地瀉入一座懸岩下面，構成了阜溪的主要來源。我們倘若立在劍池西面的某個山腰上，便可以望得見這條瀑布，是一條在那座夾在竹影中的灰石岩上的兩折白練了。

仔細看過去，才明白劍池頂上的岩石，是或斜或陡的，不過斜的道兒長，陡的道兒短，所以山水奔下來的時候，大部分確然是一幅白布樣的湍流，而小部分却濺成了玉樣的水珠兒，伴着這幅白幅一齊洩到了劍池裏。說到池，當然是有相當的容量的了，所以這道洩進來的湍流，在他爲清澈可以見底和平緩可以涉足的山泉之後，再從靠西南的一個人造的池口洩到岩下來；可是池下這座岩是幾乎絕沒有斜坡兒的，所以這一洩，就把全部的水濺成了一大簇其大無外的銀髯，夾在飛雨樣水珠兒的裏頭，涼涼地儵儵地一齊落到了岩下。再向這兩折瀑布的左左右右上上下下一望，映入我們眼裏的，除了雪白的瀑布和灰白的岩石以外，全是一片蒼青欲滴的竹海，其中夾着幾座茅亭，對著這樣空氣明淨線條纖細溫度宜人的景物，我幾乎懷疑到不是人間的境界了！

也許可以認爲這是太明淨太纖細太宜人了罷？倘若我們默想一幅米南宮的或者董玄宰的山水，便可以感到劍池的瀑布，終不免缺乏多少說不出的味兒來！

(三)白龍潭的瀑布

然而莫干最可以動人的，畢竟還是在瀑布，因爲除了劍池以外，莫干還有一個白龍潭；不過白龍潭有好幾點，是全然和劍池背馳的：

劍池在本山，白龍潭不在本山，所以曉得劍池的人多，曉得白龍潭的人少；劍池折叠少，白龍潭折叠多，所以劍池祇好說牠是秀，而白龍潭不媿爲奇；劍池經過多量的人工設施，所以不必探求已能接近，而白龍潭還保存天然的形態，所以費盡心力依舊不能探到牠的源頭。因此我愈覺得白龍潭之不可不記！

從莫干到白龍潭，塔山爲必經之路，我們翻過塔山頂旁的一個山坳，就到了莫干的後山，從後山直下約三四里，就到了一個寬約兩里滿是山田的谷，再由南而北地橫斷這條谷，於是到了對岸的一條山脈邊，沿著這條山脈再向西行二三里，就進了一個名叫碧塢(?)的村口。這時候，我們已經又遇著了一道由北而南流的小溪了，溪裏頭亂石如斗，湍流如沸，已經證明了地勢的陡峻，我們沿著這條橫溪向北登山，從竹林中經過許多千迴萬轉的不定的山坡道兒，終於走到了一條在岩石上鑿成的小徑，再跨過一

爲石室西首某峯頭所見的雲海（顧君爽攝）

《时代》内文页（一）

古物買賣的大本營

北平古玩店

司徒光攝並誌

提及王宮當去北平看古玩收藏當然要推北平古玩店，爲第一位。歷代王子王孫敗了家爲生活起見什麼希寶珍藏都當賤售去古玩店，

可是在那兒北平，古物的賣買，有着它的一定的公式，一件古物的出賣，初次有夜市，大半是私賣的，二次有朝市，是小販賣者與大販賣的交易，三次就流入古玩店裏去了，大凡懂得這一套的人，要找值錢而有價的古玩，使可上一朝市一裏去尋。

那裏的古玩各朝各代，各種各式，羅列道盡，五光十色，要是內行的話，會發見什麼奇珍，外行的看了，也不得不講美叫絕的。

北平古玩店以前門外王府井大街最多，現在爲利便外客起見由市府定價不二，價格頗爲克己

《时代》内文页（二）

《时代》内文页（三）

編輯室

在這一次全運大會中，我們是很感激各地的選手們及代表們對於本刊的愛護，有的賜以題示，有的寫幾句勉勵的話，我們不能一一向各位致意，只得在這裏總來一個「謝謝諸位選手們的盛情。」

我敢說，全中國的青年們，沒有不需要一個準確的健全的體格，那末現時候我們可公認為代表中國的健兒們的，非諸位選手們莫屬？但是我們從另一方面看，我們還許多揹着「東亞病夫」的民衆們，是何等地迫切地需要健康啊！而這一個責任呢！我們應該担負起來，還望諸位選手們一道担負起來。

寫到樣裏，我忽然憶起有一位選手在編者的紀念冊上這樣寫着「學體育的人要藝術好，學藝術的人要體育好。」我是一個學藝術的人，我需要健康，並且希望大家都渴望健康。（大任）

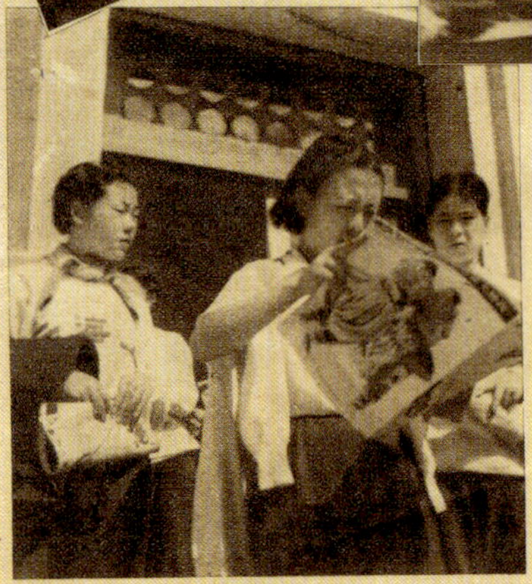

本刊送與全運選手的禮物，看她們細細地在那裏閱讀「時代畫報」

廣東選手梁詠嫻小姐簽字給本刊時攝影（夏曉霞攝）

平選手劉友錦小姐簽字給本刊時攝影（夏曉霞攝）

全運會中之忙人籌備副主任潘公展

全運會中之忙人宣傳組長陳克成

奪得本屆女排球錦標的上海隊在麥克風邊唱大會會歌情形。上圖為上海吳市長與該隊合影。

時代 圖畫半月刊

國民政府內政部核准發行登記證九〇二號

主編·張大任　出版·上海時代圖書公司 福州路三〇〇號

發行·章仲梅　印刷·時代印刷廠 平涼路二十一號

定閱連寄費價目表

冊數	全年廿四冊	半年十二冊
國內	四元六角	二元四角
國外	七元八角	四元

日本台灣朝鮮作國內，香港澳門作國外，郵匯不通處郵票代洋九五折實，以半分一分四分一角為限

"MODERN MISCELLANY" A Fortnightly Pictorial Review Price 20 cts.each copy Published by the SHANGHAI MODERN PUBLICATIONS, LTD. 300, Foochow Road, Shanghai, China.

《时代》内文页（四）

香港游泳選手楊秀瓊（一百公尺仰泳第一）
山西女網球代表王氏姊妹（得女網球錦標）
上海女田徑選手陳榮棠（鉄餅，鉛球第一）
廣東游泳女選手劉桂珍（五十公尺第一）
廣東游泳女選手梁詠嫻
（一百公尺仰泳第二）
上海女田徑選手潘瀛初（壘球擲遠第一）
六屆全運紀念

《时代》内文页（五）

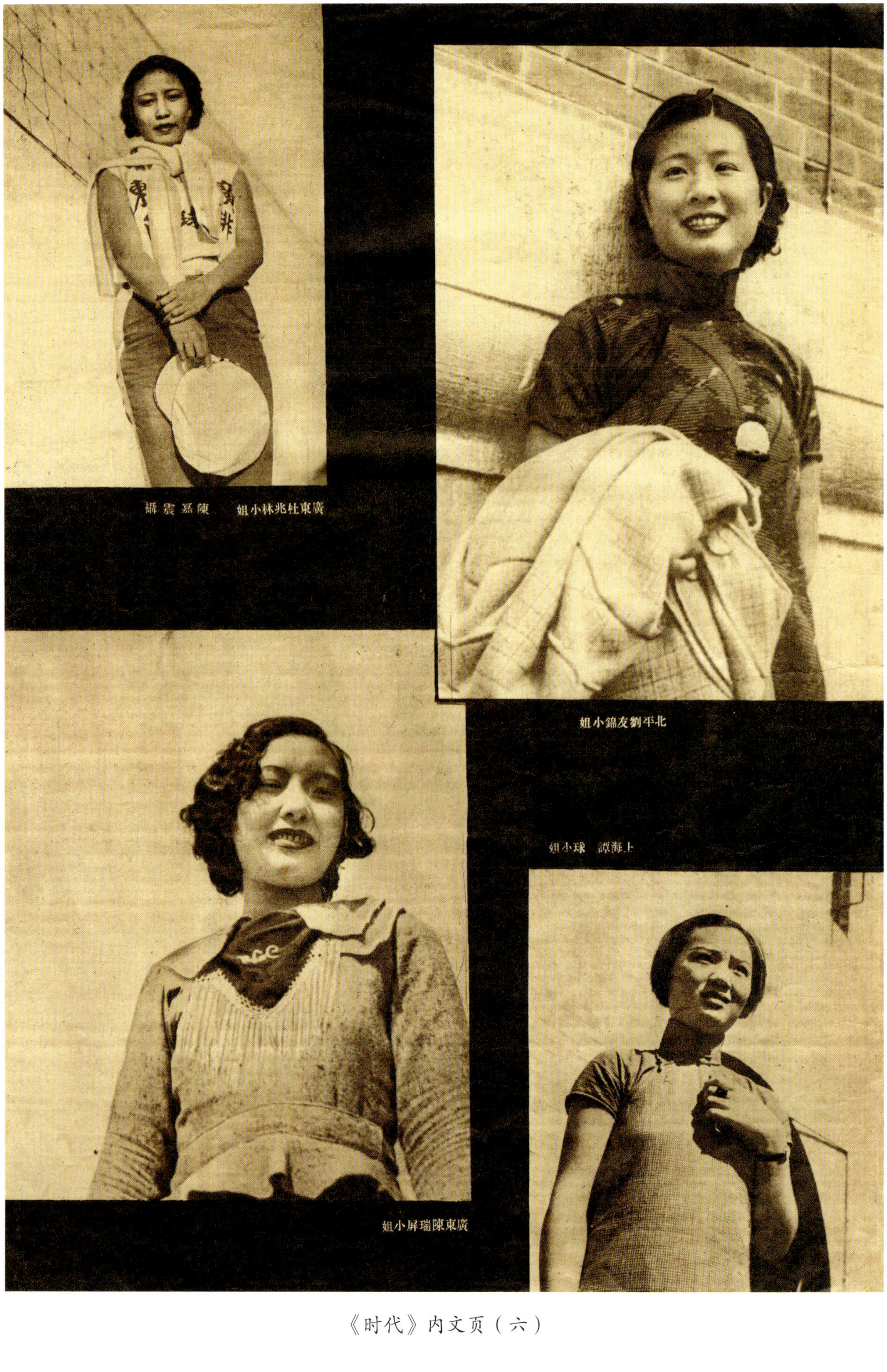

《时代》内文页（六）

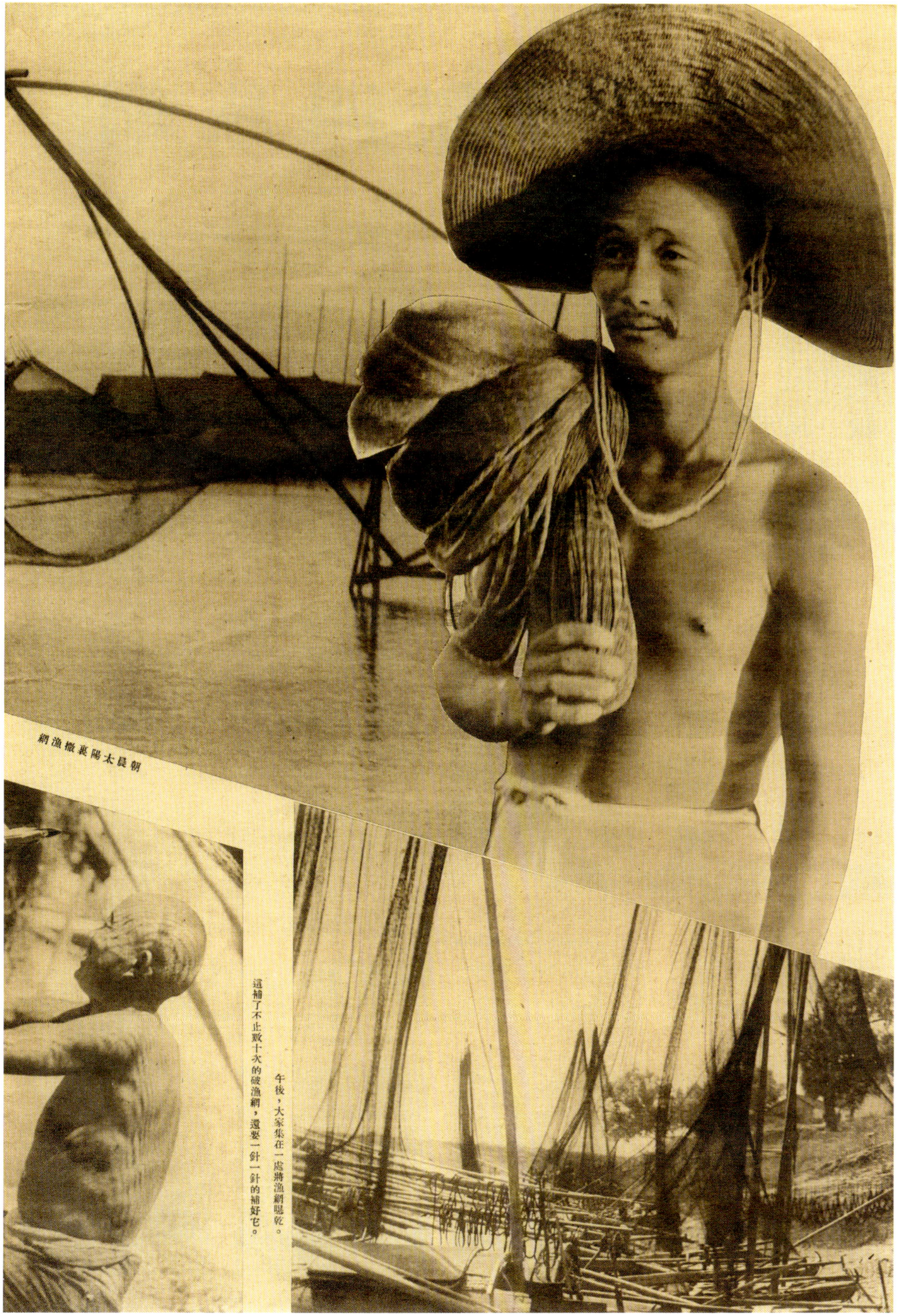
朝晨太陽裏撒漁網
這補了不止數十次的破漁網，還要一針一針的補好乜。
午後，大家集在一處將漁網曬乾。

《时代》内文页（七）

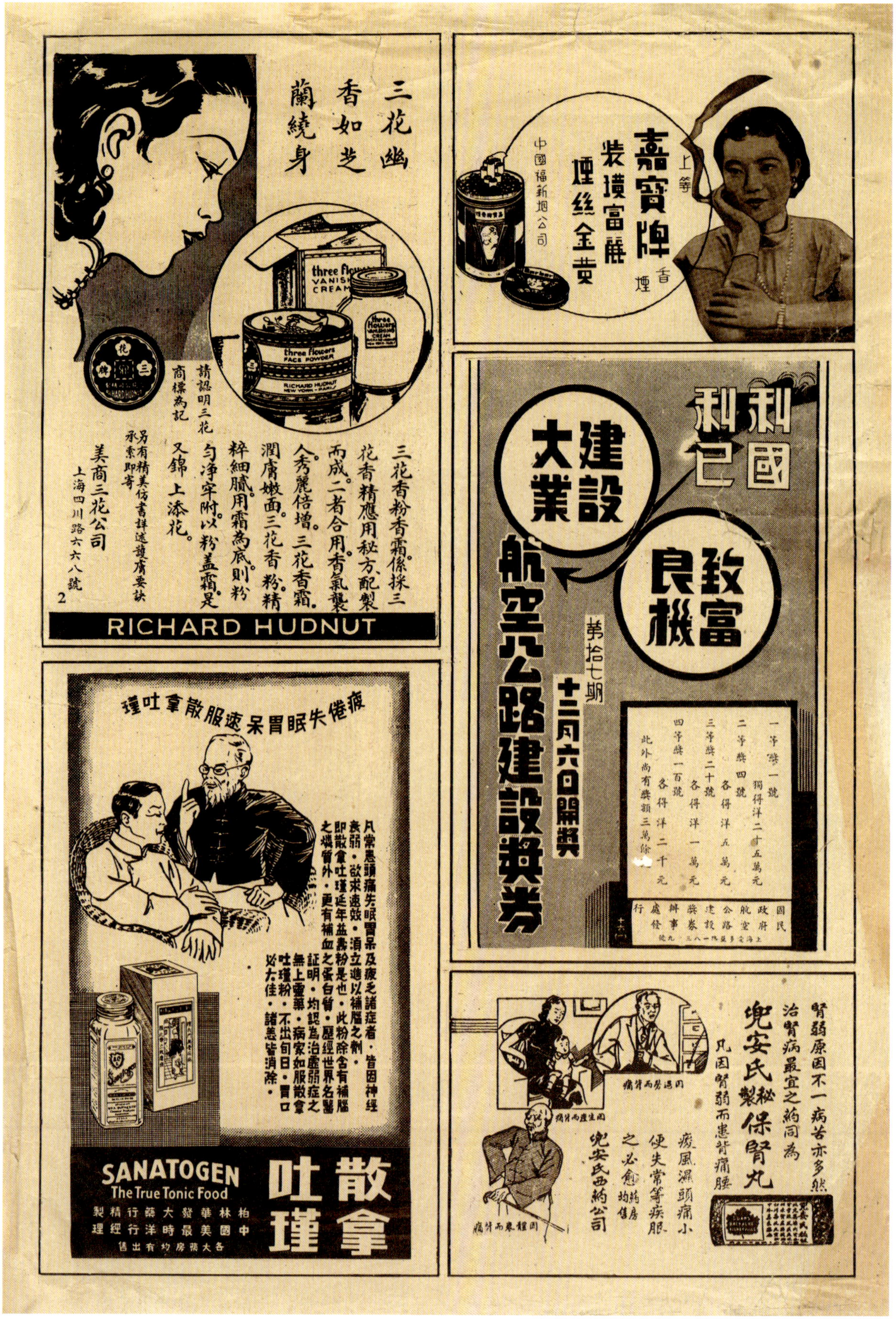

三花幽香如芝蘭繞身
three flowers VANISHING CREAM
three flowers FACE POWDER
RICHARD HUDNUT NEW YORK - PARIS
請認明三花商標為記
三花香粉香霜。係採三花香精。應用秘方。配製而成。二者合用。香氣襲人。秀麗倍增。三花香霜。潤膚嫩面。三花香粉。精粹細膩。用霜為底。則粉勻淨牢附。以粉蓋霜。是又錦上添花。
另有精美仿書詳述護膚要訣承索即寄
美商三花公司
上海四川路六六八號
2
RICHARD HUDNUT
上等嘉寶牌香煙
裝潢富麗
煙絲金黄
中國福新烟公司
利國利己
建設大業
致富良機
航空公路建設獎券
第拾七期
十二月六日開獎
一等獎一號 獨得洋二十五萬元
二等獎四號 各得洋五萬元
三等獎二十號 各得洋一萬元
四等獎一百號 各得洋二千元
此外尚有獎額三萬餘
國民政府航空公路建設獎券辦事處發行
疲倦失眠胃呆速服散拿吐瑾
凡常患頭痛失眠胃呆及疲乏諸症者。皆因神經衰弱。欲求速效。須立進以補腦之劑。即散拿吐瑾延年益壽粉是也。此粉除含有補腦之燐質外。更有補血之蛋白質。歷經世界名醫証明。均認為治虛弱症之無上靈藥。病家如服散拿吐瑾粉。不出旬日。胃口必大佳。諸恙皆消除。
SANATOGEN
The True Tonic Food
柏林華發大藥行精製
中國美時洋行經理
各大藥房均有出售
散拿吐瑾
腎弱原因不一病苦亦多然治腎病最宜之葯同為
兜安氏秘製保腎丸
凡因腎弱而患背痛腰痠風濕頭痛小便失常等疾服之必愈
葯房均售
兜安氏西葯公司
因遇勞而背痛
因生產而背痛

《时代》内文页（八）

西藏情歌（思鄉）高山，是儂的仇敵，大川，也是儂的仇敵，家鄉路迢迢，更是儂心靈上的痕跡。

西藏情歌（生離）走，走，是王爺的命令，別，別是生前的因果，妹妹，不要洒淚，恐怕傷着哥哥的壽命。

河套情歌（知音）聽見哥哥唱過來，赤身子跑在村口子外。

蒙古時景（秋）秋風颯颯，白草蕭蕭，丹紫的暮山倒影於澄清的潭底，飄泊飛揚的雲霞中，驚人的歸雁只哀婉的飛舞悲啼。

邊疆歌謠集

沈逸千畫

《时代》内文页（九）

附录

一、叶聚六生平年表（1922—1979）

叶明诗（1904.11.10—1979.7.15），字聚六，原四川省梁山县文峰乡（现重庆市梁平区回龙镇）人。其父叶大志，母冉氏，妻汪氏，子叶健（兴森）、叶君平（兴权）、叶兴楷，女叶仲容、叶季娴。

1922 年，初高小毕业。

1923—1926 年，梁山中学学习，受教于孙尔康、周益清诸师。毕业后，与李光普赴京求学。

1926—1928 年，北平私立中国大学预科文科班学习并顺利毕业。

1928—1929 年，返梁，社会职业为梁山公学、梁山女师教务主任。

1929 年秋，离梁，再赴北平求学。

1930—1933 年，北平私立中国学院文科国学系学习并毕业，获文学学士学位。1930 年 5 月至 1930 年 7 月，任中共中国大学支部书记。同年，被捕入狱 108 天。在北平期间，寓居储库营四川会馆，与林损（字公铎）亦师亦友。

1934—1935 年 4 月，任教于万县女中。

1935 年 5 月—1936 年 5 月，任教于云阳县立中学，任云阳女师附小部主任。

1936年12月—1937年7月，任教于江津县立女中。

1937年12月—1938年5月，任教于梁山中学，任教务主任。

1938年6月—1939年4月，成都三十集团军补充团任书记（上尉）。其间在《梁山复兴时报》副刊《劲草》连载《归途》。

1940年春，经郭梧秋夫妇介绍，任教保育院，仅一周即辞。

1940—1941年春，任教于万县高农学校。

1941—1944年，大华炼油厂工作。

1944—1945年8月，任教于梁山县自力中学，任教于务主任。

1945—1946年，任教于四川省立达州师范学校。

1946—1947年6月，任教于四川省立重庆高级商业职业学校。

1947年秋—1948年，成都中央军校预备班国文教员。

1948年10月—1949年10月，成都中央军校军荐一科员。

1950年1月，返渝。同年加入中国民主同盟。

1950—1953年，任教于重庆树人中学（重庆八中），三级教师、高中语文教员。

1953—1963年，任教于重庆一中。1955年肃反运动中被列为重点审查对象。1957年反右斗争中，被划为右派，降职降级降薪，保留公职。1961年摘掉右派帽子。1962年，重庆南木园、长寿湖农场生产劳动。1963年8月退职回乡。

1964—1966年，任教于民小。

1969—1971年，在清队运动中因阶级成分被审查。

1972年4月18日—1973年6月9日，旅居上海复旦大学叶君平（次子）家。

1979年，平反，月退休工资96元。其幼子叶兴楷被安排在梁平县盐井口水库工作。

1979年7月15日，在梁平县去世。

二、叶聚六先生社交圈（部分人士简介）

林　损

叶聚六在京师、友

林损（1890—1940），字公铎，又字攻渎，浙江瑞安人。国学大师，治学严谨，长于记诵，不为清代考证、训诂、词章之学所拘，对经史诸子、诗文辞章等无不通晓。去世时瑞安和重庆两地同时举行规模盛大的公祭大会。

李光普

叶聚六在中学同学、好友

李光普（1906—1983），又名鹰、甫、黎雁、可夫，重庆市梁平区荫平镇人。

1939 年任中共梁山县委书记，同时兼任抗日戏剧团团长，为《梁山复兴日报》组稿。

李珥彤

叶聚六好友

又名李尔彤，重庆市梁平区人，北平中国大学专门部政治经济科毕业，曾任梁山县第三科（教育科）科长，梁山县府督学，合川、内江、梁山中学教务主任。1939 年 11 月至 1940 年 1 月任梁山中学校长。

曹建勤

叶聚六在北平党的地下组织的上级、入狱证明人

曹建勤（1907—1989），曾用名曹策，重庆市梁平区聚奎镇人。1924 年 8 月考入私立武昌中华大学（今武汉大学前身之一）。1925 年 3 月加入共产党，先后在武汉、南京、浙江、上海、江西、河北、北京、天津从事地下工作，曾任中共北平市委、天津市委书记。因反王明“左倾路线”受到政治迫害，于 1937 年 9 月回到梁山（平），先后从事抗日、新闻、教育和经济工作。曾任《梁山复兴时报》社长、梁山县立女子初中学校校长、万县大华炼油厂副总厂长等职，开办益新染织厂、大新米厂、梁山人文书店等并出任厂长、经理。

新中国成立初期，组建川东交通所第七联营社并任经理。1956 年下放农村劳动。1957 年 2 月进入梁平县政协工作，曾任秘书长、副主席等职。

李聚奎

叶聚六在梁山党的地下组织的上级

李聚奎（1898—1940），重庆市梁平区荫平镇人，1925 年在北京朝阳大学读书时加入中国共产党。

1928 年秋，任中共梁山县委书记，公开职务是梁山公学校长。

1938 年春，任万县特支、万县县委、万县中心县委委员，分管组织工作，一直隐蔽在万县坚持地下斗争。1940 年 3 月病逝。

陈克农

叶聚六好友、北平党的地下组织同志、入党证明人

陈克农（1904—1990），又名陈敏、陈玉秋，重庆市梁平区竹山镇人。

1922 年考入北京大学预科，1924 年考入北京大学中国语言文学系。

1925 年 2 月在北大参加中国共产党，曾任中共梁山县委宣传部部长、川东游击军特支书记、中共达县县委常委兼秘书长等职。

新中国成立后从事教育工作多年，为四川省哲学社会科学学会联合会学术委员、南充市书法篆刻协会主席，川东文苑知名学者，《汉语大字典》编委。

孙尔康

叶聚六中学老师

孙尔康（1867—1936），字弗唐、弗棠，号鹤松，著名书法家，梁山县（今重庆市梁平区）最后的举人。

1893 年入川东书院进修，1894 年在桂香书院肄业，后进尊经书院深造。光绪二十八年（1902）中举，会试未第，“报捐”为吏部主事。

辛亥革命后，辞职回乡。后任四川康定税务监督、四川法政专门学校国文教席、杨森部秘书、梁山县教育局长、《梁山县志》总纂等。

孙尔康酷爱书法，数十年如一日，未尝稍间，其书法自成一家，名噪一时。孙尔康亦善为诗文，笔势奔驰，不落俗套。

袁超俊

叶聚六大华炼油厂同事

袁超俊（1921—1999），1930 年加入中国共产主义青年团，1936 年加入中国共产党。历任贵州共产主义青年同盟领导人，上海工人救国会主席，八路军武汉办事处副官长，八路军贵阳交通站站长、党支部书记，重庆中共南方局秘书等职。

1942 年，受周恩来同志指示，出资在各地兴建大华炼油厂分厂。1943 年 6 月，随周恩来到达延安。1945 年，在中共第七次代表大会秘书处工作。1946 年 7 月，任中共南方局四川省委秘书长。1946 年 11 月，到香港参与组建华润公司并开展贸易工作。

新中国成立后任纺织工业部办公厅主任，纺织工业部机械制造局局长，中国国际旅行社总经理，中国旅行游览事业管理总局副局长、党组副书记、党组代书记。

李次华

叶聚六梁山党的地下组织同志

李次华（1901—1930），又名光亮、光浪，革命烈士，重庆市梁平区荫平镇人。

1923 年考入北京国立农业大学，1924 年在日本士官学校学习。“五卅”惨案发生后，立即回国参加反日斗争，1926 年在北京加入中国共产党。

1930 年参加四川红军第三路游击队（担任第二大队大队长）东征武汉，同年 10 月 4 日在丰都遇害。1950 年 9 月 13 日，梁平县人民政府追认其为革命烈士。

赵章明

叶聚六北平中国大学同学、大华炼油厂同事

赵章明（1909—1971），化名刘松生，重庆市梁平区回龙镇人。

1926年在武昌中华大学附中读书，1930年考入北平中国大学哲学系学习。

1938年2月，在成都加入中国共产党，同年2月至6月任中共梁山特支书记。后因身份暴露，先后在万县、重庆大华炼油厂办事处和石柱县江池小学等处工作。

1944年春，回梁山县后在梁山中学和县女中任教。

1950年，调县政府工商科、梁平中学、梁平师范、袁驿中学、城关民中等任职。

钟纯乾

叶聚六大华炼油厂同事

钟纯乾（1908—1984），原名荫元，重庆市梁平区梁山街道人。

少年时代受五四运动的影响，1927年在梁山中学加入中国共产党。

1931年，就读于北大化学系，毕业后返回梁山与钟逢春创办《公正报》并任梁山教育局督学。

1939年，以钙皂裂化的工艺方法，在梁用桐油制成了植物汽油。同年，党的地下组织决定在万县市郊长石尾建立川东大华炼油厂。

周恩来获悉后极为关注，拨款在北碚建厂。此后，党的地下组织主办的炼油厂分布于重庆、石柱、云阳、涪陵、彭水、广安、纳溪等地。

新中国成立后，被政务院任命为川东行署财经委员，大竹专署计划委员会副主任。1972年退休，后继续从事化工科研工作。

石祯安

叶聚六在第三十集团军同事

石祯安（1904—1958），曾名石维，重庆市梁平区虎城镇人。

1924 年 1 月至 1925 年 2 月，在西北陆军干校受训。1927 年赴日本陆军士官学校学习，1929 年毕业。

曾任第十八军司令部少将高参，1941 年 3 月离职。

1949 年 12 月，在郫县起义，参加中国人民解放军。1952 年 8 月，由西南第二高级步校转入解放军军事学院任教员。

1954 年 2 月 15 日，在山东军区直属曲阜训练团任教员。1954 年 2 月 24 日，因历史问题被判入狱 15 年。1958 年病死于万县监狱。1984 年撤销原判，恢复起义人员名誉。

王逐萍

叶聚六北平中国大学同学、党的地下组织同志、入党证明人

王逐萍（1909—2002），原名王彬，重庆市梁平区云龙镇人。

1926 年参加革命，1927 年 8 月加入中国共产党。

1931 年肄业于北平中国大学中文系。先后在四川、河南、陕西等地开展党的地下革命工作。

1949 年 12 月来到重庆，先后担任重庆市公安局三处副处长、西南公安部办公室主任、政治部主任、西南公安局副局长等职。

1954 年年底调西南师范学院任党委副书记、副院长。

1980 年 7 月退居二线，担任西南师范学院顾问。曾任四川省政协第五届常委、四川省书法协会副主席、重庆市书法协会主席。1985 年离休，享受副部级待遇。

李　维

叶聚六北平党的地下组织同志、入党证明人

李维（1903—1983），重庆市梁平区云龙镇人。

1927年参加革命，1928年5月加入中国共产党。

1930年夏秋之间在梁山县组织武装斗争，参与成立四川红军第三路游击队，并任第三大队政委，1931年转移到北平。

1949年12月后，历任中共自贡市委委员、组织部部长、四川省人民政府监察委员会办公室主任、四川省轻工厅干部学校校长、四川省志编辑委员会委员。

1975年4月离职休养，仍积极整理并研究四川党史资料，经常为青少年作报告，进行革命传统教育和爱国主义、共产主义思想教育。

熊伯庚

叶聚六中国大学同学、北平及梁山党的地下组织同志

熊伯庚（1900—1964），原名长盛，笔名白亨，重庆市梁平区梁山街道人。

1927年，加入中国共产党，负责学运工作。同年12月，参加反对预征田粮赋税的请愿游行活动。1929年，县城集会纪念“五卅”惨案4周年，参加游行被捕，不久获释。

1931年年初，考入北平中国大学政经系，1933年毕业。

新中国成立后，积极筹募股金，创建梁山新华书店，担任该店经理，并负责指导垫江、忠县新华书店的业务。

1957年，被选为梁平县政协常务委员。在政协任职期间，点注《梁山县志》两部，为省文史办整理出《美蒋在梁平的罪行》等资料。在病中还写出《辛亥革命梁山反正追记》文稿。

傅香泉

叶聚六北平中国大学学长、成都陆军军官学校及梁平自力中学同事

傅香泉（1902—1981），重庆市梁平区荫平镇人，自幼聪敏好学，幼时就会吟诗作对，名闻乡里。

1924 年毕业于北平中国大学国文系。大学毕业后，曾在四川省的峨边、平武、南江县等地作过小官，后辞官从教，先后在垫江县峡江中学、成都陆军军官学校、梁山中学、梁山县私立自力中学任教。

1950 年，傅香泉接任自力中学校长。后又到四川邻水中学、达县一中教书。

三、部分文献对叶聚六的介绍

《中国大学革命历史资料》

中共北京市委党史研究室编，中共党史出版社 1994 年版

第 418 页中共中国大学支部沿革

1930 年 5 月—1930 年 7 月

书记叶聚六

《口述梁平党史》

中共重庆市梁平区委党史研究室编，2021 年 7 月

第 8 页，李光普、李芳亮等：《梁山党组织领导的抗日救亡运动》

1937 年下半年，时代的风暴震撼了梁山。

……学校教师来了一大批京派人物，如叶聚六、熊伯庚、李芳灿、赵章明、周邦礼、肖征、徐弼、李光普、陈君默等。这些教师有的早年参加过共产党，有的倾向革命。

第 27 页，王永清、李谷涛：《访文先俊笔录》

在我的记忆中，当时（编者按：1929 年）县委下面建立了三个区委：一、城区区委，书记是叶聚六同志，叶当时的社会职业是“梁山公学”和女师的教务主任。

《百年梁中史略 1907—2007》（内部资料），2017 年 8 月

第 352 页梁平中学历届领导一览表

1936.9—1938.8 教务主任叶聚六、刘天沛、姜榆之……

1939.11—1940.1 教务主任傅香泉、叶聚六……

致谢

画册《落叶聚还散》的整理编撰工作历时一年有余，如今能正式出版发行，得益于诸多友人的鼎力相助和无私付出，谨记致谢！

叶聚六的孙子叶光军先生，多方收集叶聚六生前相关资料，极大丰富了画册内容，并为整个编撰工作给予了倾力帮助和支持。

中国书法家协会会员、中华诗词学会会员、国家艺术基金专家、重庆市书法家协会副主席、重庆市政协书画院副院长、四川美院客座教授熊少华先生，拨冗为画册撰写序言、题写书名。

第七届、第九届中华印制大奖画册类金奖获得者北京印艺启航文化发展有限公司总经理魏文杰先生，帮助协调画册的出版、印刷等事宜。

中国民间文艺家协会会员、重庆市首批“巴渝新秀”青年文化人才、双桂堂文化顾问郭东斌，以专业角度参与文献资料的考证和校对。

重庆市作协会员、梁平区作协副主席、戏剧编剧、散文作家曾小燕，利用业余时间帮助整理叶聚六遗留的日记等文稿。

文化传媒工作者、重庆市摄影家协会会员、重庆市梁平区佛教协会理事郑杰，帮助对藏品文字进行录入和注释。

网络工程师、古道文化研究者曹天宇，帮助分类整理资料、扫描文档图片和文献资料考证。

同时，一并感谢文化艺术出版社丁晖先生，责任编辑汪勇先生、袁可华先生，责任校对董斌女士，一墨文房詹直夫先生，以及刘明山、肖琴、谭永彬、杨虹、贺章波、陈科衡几位友人的帮助！

“文章千古事，得失寸心知。”感谢相遇，让时光多了一份感动；感谢经历，让流年多了一份生动。因为有了大家的帮助，让我有条件顺利完成画册的编撰工作。画册的出版，或许能为读者加深对一个渐行渐远时代的认知，提供一孔参照。

“一叶堂”为叶聚六的书斋名和藏书印章，在本画册副标题里冠名——“一叶堂藏品集”，在此亦作说明。

陈命安

二〇二三年初冬

下與已作古者不
風雨路再回頭已事如烟
此乃壬寅年夏於故里獲
觀鄉賢葉聚六先生雜稿
並選彩後感而得句世事
蒼黃人間如寄白駒過隙
精誠皆空然落葉聚還
散無朝花夕拾令人平添
感慨也
是歲重陽之日誌於渝州
繼力筆

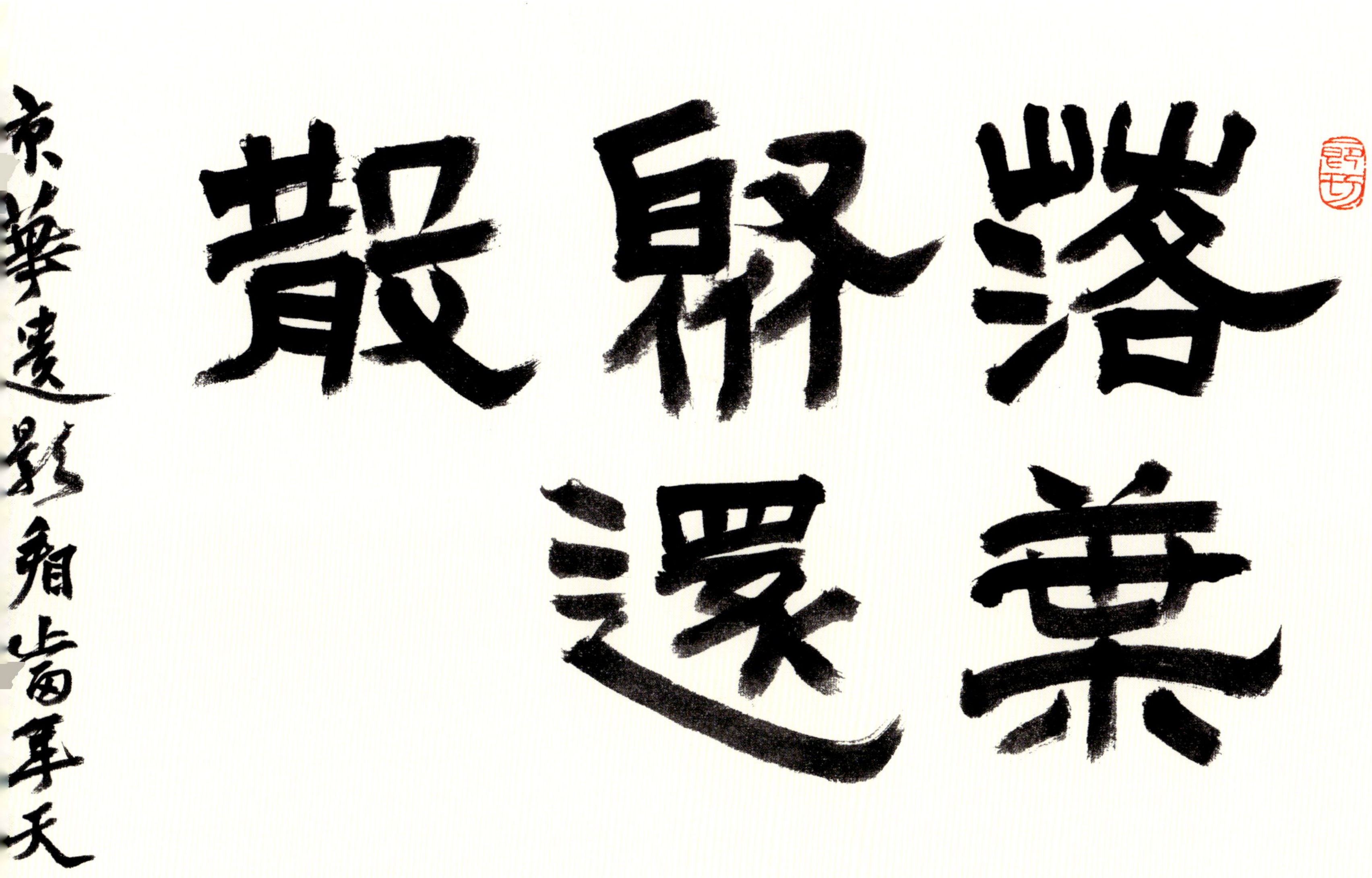

熊少华题字